总序

当今的中国已成为世界上顶级旅游大国之一，迄今我国已批准了140多个国家和地区为中国公民自费出境旅游的目的地，出境旅游的人数急剧上升，2012年全年已超过8300万人次。这就意味着我国的境外游已达到"升级换代"的阶段。至少对那部分有更高要求的游客，必须有新的旅游产品来满足他们新的需求。

中国地图出版集团旗下，测绘出版社文化生活出版分社组织编写的《中国公民出游宝典》系列丛书生逢其时，丛书由"人文地理"、"旅游资讯"、"地图导览"三部分组成，具有权威、代表、专业和针对性四大特点。这恰恰是面向中高档次的出境游客的一套货真价实的高端旅游丛书。

一、权威性。参与撰写"人文地理"的作者为我国前驻外使节及其他资深外交官。他们长期从事外事工作，不但熟悉驻在国（地）的地理环境、自然风貌，而且深谙当地的文化习俗、风土人情、历史沿革和特质长项。这些作者多为外交笔会成员，有写旅游丛书的经验，行文严谨、准确、细腻，耐人寻味咀嚼。所以，本丛书提的口号是"大使引路，游客追捧、跟着外交官游世界"是恰如其分的。

二、代表性。在世界200多个国家和地区中，精选出十几个国家和地区，其前提是旅游资源十分丰厚。我国开放出国旅游以来，中国游客青睐、向往之地，在人文、地理、自然、物产和良风益俗诸多方面具有独到之处，在地区或世界上颇有知名度，适宜较高品味的旅游享受。

三、专业性。由权威的旅游专家提供合理的旅游实用资讯，丛书配有执笔者与相关驻华旅游局提供的旅游目的地最新

印度

INDIA

《中国公民出游宝典》编委会　编著

测绘出版社

《中国公民出游宝典》编委会

顾　　　问：刘振堂　刘一斌　杨伟国

编委会主任：高锡瑞

编委会成员（排名按姓氏笔画）：

万经章　王雁芬　卢永华　石　武　刘一斌

刘志杰　刘振堂　许昌财　江承宗　李玉成

吴克明　杨伟国　时延春　胡中乐　赵　强

高锡瑞　黄培昭　甄建国　潘正秀　穆　文

人文地理作者：潘正秀

资讯整理：张　霜　付　洁

总 策 划：赵　强

责任编辑：黄　波

地图编辑：黄　波

责任印制：陈　超

装帧设计：锋尚设计

图片提供：印度旅游局北京办事处　刘志杰
　　　　　　微图图片

照片，进而图文并茂，游客可未到先知，扩大了选择的余地。抵达后"按图索骥"，更会加深美好的印象。特别值得一提的是，测绘出版社作为本丛书的策划者还提供了详实的旅游地图，方便游客的出行。

四、针对性。在我国经济与社会发展到当今的水平，中高档的出国旅游者，远不满足于浮光掠影、走马观花式的普通游览，提高知识性、趣味性、舒适性成为中高档游客的普遍诉求。故本丛书刻意着墨于"景点背后的故事"，以作者的感悟归纳与凝练，尽量做到简洁明快，易记好懂，令旅行者阅后观实景有如穿越时空的隧道，尽享上品的快意与雅趣。

旅游是一部永远读不完的百科全书。洞悉目的地国或地区的方方面面，本身就是对别人的一种尊重与欣赏。而当地人自然也会通过我们这些来自中国的游客，哪怕只是一颦一笑、举手投足，都可窥见中国人及其国家的品位、风貌和素养。坦而言之，出版这套丛书有着双重初衷，既为中高档游客提供更多便利，也为我国游客在国门之外的言行举止称得上"中高档次"而提供帮助。让旅游目的地国在分享"旅游红利"的同时，也通过我们的游客分享我国的成长、进步与文明的果实。

刘振堂*

2013.6

---

*中国资深外交官，中东问题专家，前驻伊朗、黎巴嫩大使

印度不了情

　　我对印度这个国家向往已久，对印度文学、音乐、舞蹈、绘画、雕刻、习俗甚至妇女服饰莫名其妙地早就有一种朦胧的兴趣。记得1954年10月，我在南京市第五女子中学读书时，印度首任总理尼赫鲁携其爱女英迪拉·甘地首次访问中国，我不知怎么灵机一动，写了一篇自命题作文《欢迎你，尼赫鲁总理》。当时我是一个中学生，还谈不上论述中印关系的古往今来，但在文中我对印度走在街上大摇大摆的大象神态及妇女身着纱丽如何婀娜多姿的情景作了一番非常肤浅而又零星的描写。没想到四年后，我在北京外国语学院英语系学习期间，被选送到北京大学东语系学习印地语。

　　因为我学了印度广为使用的英语和印地语，我又被派到印度工作数年，从此我与印度结了缘。我希望富裕起来的中国人，特别是年轻人到印度去走走，看看。包你不虚一行。

潘正秀

2013.8

中国公民出游宝典

目 录
CONTENTS

PART 1
人文地理

PART 2
旅游资讯
地图导览

PART 1

人文地理

基本概况

　　印度位于南亚次大陆。它历史悠久、物产丰富、民族混杂、文化纷呈、语言复杂、宗教众多，是世界上仅次于中国的人口大国。

1. 主要信息速览

（1）国　名

印度共和国

(The Republic of India)

（2）位　置

位于南亚次大陆的印度半岛上，东临孟加拉湾，西濒阿拉伯海，南隔印度洋与斯里兰卡、马尔代夫相望，陆地则与巴基斯坦、中国、尼泊尔、不丹、缅甸和孟加拉等国接壤。

（3）面　积

298万平方公里（不包含中印边境印占区和克什米尔印度实际控制区等）

（4）人　口　12.41亿

（5）首　都　新德里

（6）国　花　莲花

（7）国　鸟　蓝孔雀

（8）国　树　菩提树、榕树

2. 行政区划介绍

印度现有26个邦和7个中央直辖区。

邦、中央直辖区	首府
阿萨姆邦	迪斯布尔
安达曼—尼科巴群岛中央直辖区	布莱尔港
安得拉邦	海得拉巴
奥里萨邦	布巴内什瓦尔
北阿肯德邦	台拉登
北方邦	勒克瑙
本地治里中央直辖区	本地治里
比哈尔邦	巴特那
昌迪加尔中央直辖区	昌迪加尔
达德拉—纳加尔哈维利中央直辖区	锡尔瓦萨
达曼、第乌中央直辖区	达曼
德里国家首都区	新德里
古吉拉特邦	甘地讷格尔
果阿邦	帕纳吉
哈里亚纳邦	昌迪加尔
喀拉拉邦	特里凡得琅
卡纳塔克邦	班加罗尔
拉贾斯坦邦	斋浦尔
拉克沙群岛中央直辖区	卡瓦拉蒂
马哈拉施特拉邦	孟买
曼尼普尔邦	因帕尔
梅加拉亚邦	西隆
米佐拉姆邦	艾藻尔
那加兰邦	科希马
旁遮普邦	昌迪加尔
恰尔肯德邦	兰契
切蒂斯格尔邦	赖布尔
泰米尔纳德邦	金奈
特里普拉邦	阿加尔塔拉
西孟加拉邦	加尔各答
锡金邦	甘托克
喜马偕尔邦	西姆拉
中央邦	博帕尔

斯坦
ISTAN

乌兹别克斯坦
UZBEKISTAN

塔吉克斯坦
TAJIKISTAN

东经E72°

杜尚别
DUSHANBE

帕 米 尔
Pamir

富 汗
AFGHAN

布尔
BUL

伊斯兰堡
ISLAMĀBĀD

基斯坦
PAKISTAN

（巴基斯坦实际控制区）

斯利那加
Srinagar

喜马偕尔邦
HIMACHAL PRADESH

（印度实际控制区）

西姆拉
Shimla

旁遮普邦
PUNJAB

昌迪加尔
Chandigarh

台拉登
Dehra Dūn

北阿肯德邦
UTTARAKHAND

拉萨
Lhasa

雅鲁藏布江
Yarlung Zangbo Jiang

中 华 人 民 共 和 国
PEOPLE'S REPUBLIC OF CHINA

德里
Delhi

新德里
NEW DELHI

哈里亚纳邦
HARYĀNA

北方邦
UTTAR PRADESH

尼泊尔
NEPAL

锡金邦
SIKKIM

廷布THIMBU

不丹
BHUTAN

阿萨姆邦
ASSAM

加尔瓦尔邦

拉贾斯坦邦
RĀJASTHĀN

斋浦尔
Jaipur

勒克瑙
Lucknow

加德满都
KATHMANDU

甘托克
Gangtok

迪斯普尔
Dispur

西隆
Shillong

科希马
Kohima

那加兰邦
NAGALAND

比哈尔邦
BIHAR

梅加拉亚邦
MEGHĀLAYA

曼尼普尔邦
MANIPUR

印
度
INDIA

古吉拉特邦
GUJARAT

甘地讷格尔
Gāndhīnagar

博帕尔
Bhopāl

中 央 邦
MADHYA PRADESH

巴特那
Patna

孟加拉国
BANGLADESH

达卡
DHAKA

恒河口
Mouths of the Ganges

因帕尔
Imphāl

艾藻尔
Aizawl

第乌
Diu

达曼
Damān

锡尔瓦萨
Silvassa

哈尔肯德邦
JHARKHAND

兰契
Rānchi

西孟加拉邦
WEST BENGAL

加尔各答
Kolkata

特里普拉邦
TRIPURA

阿加尔塔拉
Agartala

米佐拉姆邦
MIZORAM

缅甸
MYANMAR

内比都
NAY PYI TAW

孟买
Mumbai

马哈拉施特拉邦
MAHĀRĀSHTRA

恰蒂斯加尔邦
CHHATTISGARH

赖布尔
Raipur

奥里萨邦
ORISSA

布巴内什瓦尔
Bhubaneshwar

海得拉巴
Hyderābād

安得拉邦
ANDHRA PRADESH

亚南
Yanam

孟 加 拉 湾
Bay of Bengal

本纳吉
Panaji

果阿邦
GOA

卡纳塔克邦
KARNĀTAKA

班加罗尔
Bangalore

金奈
Chennai

阿明迪维群岛（印度）
Amindivi Is (India)

马埃
Mahé

本地治里
Pondicherry

加里卡尔
Kārikāl

卡瓦拉蒂
Kavaratti

拉克沙群岛（印度）
Lakshadweep (India)

喀拉拉邦
KERALA

泰米尔纳德邦
TAMIL NĀDU

特里凡得琅
Thiruvananthapuram

拉克沙群岛中央直辖区
TERR. OF LAKSHADWEEP

米尼科伊（印度）

斯里兰卡
SRI LANKA

科伦坡
COLOMBO

斯里兰卡岛
Sri Lanka I.

马尔代夫群岛 Maldive Is.

乌尔代夫
MALDIVES

马累
MALE

安达曼群岛
ANDAMAN

尼科巴群岛
NICOBAR IS. UNION TERR.

安达曼海
ANDAMAN SEA

布莱尔港
Port Blair

安达曼群岛（印度）
Andaman Is. (India)

卡尔尼科巴岛
Car Nicobar Is.

尼科巴群岛（印度）
Nicobar Is. (India)

大尼科巴岛
Great Nicobar Is.

印度尼西亚
INDONESIA

印 度 洋
INDIAN OCEAN

阿拉伯海
ARABIAN SEA

① 昌迪加尔中央直辖区
Chandīgarh Union Terr.

② 旁遮普邦，哈里亚纳邦
行政中心在昌迪加尔
Capitals of Punjab and
Haryāna in Chandīgarh

③ 德里国家首都区
Delhi, National Capital Terr.

④ 达曼，第乌中央直辖区
Damān and Diu Union Terr.

⑤ 达德拉—纳加尔哈维利中央直辖区
Dādra and Nagar Haveli Union Terr.

⑥ 本地治里中央直辖区（包括：本地治里、
加里卡尔、亚南和马埃）
Pondicherry Union Terr. (incl. Pondicherry,
Kārikāl, Yanam and Mahe)

3. 幅员辽阔，气候多变

印度共和国是南亚次大陆最大的国家，面积共有约298万平方公里（不包括中印边境印占区和克什米尔印度实际控制区等），居世界第七位。不仅幅员辽阔，而且地理和气候条件差异很大，从北到南既有白雪皑皑的雪山，又有森林蔽野的莽莽高原；既有干旱少雨、人迹罕至的印度大沙漠，又有土壤肥沃、雨量充沛、宜于农耕的恒河平原。

（1）地理 印度大致可以分为三个地区，北部是靠近喜马拉雅山脉的绵亘高山地带，海拔在4000米以上，其中位于印度和尼泊尔边境的干城章嘉峰，海拔8586米，为印度最高峰；中部为印度河—恒河平原区，横亘于北部山地和南部半岛之间，是世界著名的大平原之一；西部为沙漠地带，靠近巴基斯坦的塔尔沙漠比较荒凉；南部为印度半岛的德干高原地区，德干高原由北部的温迪亚山脉、东部东高止山脉和西部西高止山脉所环绕，地势西高东低，除局部高山地带外，一些地区森林广布；东、西海域岛屿为安达曼—尼科巴群岛和拉克沙群岛。

喜马拉雅山脉风光

主要的河流有北部的恒河、亚穆纳河；西北的印度河（今巴基斯坦境内）；东北的布拉马普特拉河；中部的讷尔默达河、戈达瓦里河，以及南部的克里希纳河等。其中恒河为印度第一大河，全长约2700公里，流域面积达100万平方公里，是印度经济最发达、人口最稠密的地区。

美丽的水泽之乡喀拉拉邦

田园风光

（2）**气候**　印度从北到南兼具寒、温、热三种类型的气候，但大部分地区属于亚热带气候。每年的4—6月为热季，酷热难耐，有时气温高达50℃，即使坐在室内也是汗流浃背；7—9月为雨季，此时印度洋季风到来，几乎每天都要下一场雨，冲走

森林植被

一些暑热；10月至次年3月为凉季。印度首都新德里的凉季气候宜人，最冷的时候只穿一件薄毛衣即可，而且到处是绿树如荫，繁花盛开。这是印度一年中最适宜旅游的季节。

4. 种族复杂，语言繁多

印度人口2011年公布的数字为12.41亿，居世界第二位。有十个大民族和几十个小民族，其中印度斯坦族占46.3%、泰卢固族占8.6%、孟加拉族占7.7%、马拉地族占7.6%、泰米尔族占7.4%、古吉拉特族占4.6%、坎拿达族占3.9%、马拉雅拉姆族占3.9%、奥里雅族占3.8%、旁遮普族占2.3%。官方语言为印地语和英语。约有80.5%的居民信奉印度教，此外，伊斯兰教信奉者占13.4%、基督教的信奉者占2.3%、锡克教的信奉者占1.9%、佛教的信奉者占0.8%及耆那教的信奉者占0.4%等。

（1）种族　由于印度历史上屡遭外族入侵，因而血统混杂、人种繁多。考古学家认为，在远古时代，南亚次大陆的原始居民是达罗毗荼人，他们是印度河文明的创造者。后来居住在中亚高加索一带的雅利安人越过兴都库什山的开伯尔山口来到印度，征服了土著居民达罗毗荼人，以后希腊人、大月氏人、阿拉伯人、蒙古人相继入侵。因此，今日的印度既有身材高大、深目隆鼻的雅利安人，也有身材矮小、皮肤黝黑的达罗

毗荼人；既有蒙古人种，也有阿拉伯人与当地居民的混血儿，在安达曼群岛，还有类似黑人的人种。

（2）语言　由于人种繁多，不同的民族有不同的语言，印度的语言亦丰富多彩。据统计，印度共有106种语言、500多种方言。这些语言可分为四大类：印度—雅利安语系、达罗毗荼语系、汉—藏语系和澳亚语系。印度—雅利安语系（如北方的印地语、旁遮普语等）的使用占全国人口的73.3%，达罗毗荼语系（如南方的泰米尔语、泰卢固语等）的使用者占人口的24.5%，其余的人讲汉—藏和澳亚语系语言。印度独立后，议会经过长期辩论，于1963年通过了《官方语言法案》，规定从1965年1月起正式把印度官方语言从英语改为印地语。该法案受到南方各邦的强烈抵制，认为这是大印地沙文主义的表现。议会后来不得不对此法案进行修改，规定在中央和邦级政府中，可以同时使用英语和印地语为官方语言，邦以下的地区级政府可以使用当地方言为官方用语。

5. 宗教情怀，虔诚有加

印度是一个信奉宗教的国家，几乎每个人都分属于不同的宗教群体。一个人从出生、成年、婚姻到死亡等人生的重要转折关头，都要经历一系列宗教仪式。在种类繁多的宗教中，印度教是最有影响力的，其次是伊斯兰教、基督教、锡克教、佛教、耆那教、袄教、部落宗教等等。

印度教是印度的传统宗教，也是第一大教，印度80.5%的人信仰印度教。它源于古印度吠陀教及婆罗门教。一般认为，约在公元8世纪，印度历史上著名的改革家商羯罗吸收了佛教和耆那教的某些教义创立了印度教。印度教经典《薄伽梵歌》中的一段文字如是说："做你分内的事，即使你的工作低贱；不做别人分内的事，即使别人的工作很高尚。为你的职守而死是生；为别人的职守而生是死。"因此印度人3000余年传承下来的心态就是：在社会中找到自己的位置，在这个位置上安于律己。职业是"神"分配给你的，因而不但是世袭的，而且是你不能违抗的，如果违背"神"的旨意，你就会被社会抛弃。

印度教的神没人能说得清究竟有多少。但是，印度教中的

清真寺内虔诚的信徒们

印度教三大神

梵天　宇宙的创造之神。他有四张脸，面向东西南北；还有四只手，分别持有莲花、吠陀经典、念珠和匙子。

毗湿奴　宇宙的保护之神。他有四只手，分别持有轮宝、法螺、仙杖和莲花。其坐骑是大鹏金翅鸟。毗湿奴有许多化身，如鱼、龟、野猪、人狮、侏儒、持斧罗摩、罗摩、克里希那（黑天）、佛陀等。

湿婆　印度教的毁灭之神。他具有复杂的性格和不同的形象。他既是禁欲的伟大苦行者，又是欢乐的舞蹈之神；既是毁灭者，又是林伽（生殖力量的象征）。

大神主要有三个：创造之神梵天、破坏之神湿婆和保护之神毗湿奴。围绕这三大神又衍生出很多其他的神，信徒们说，印度恒河里有多少粒沙子，印度教就有多少位神灵。在印度教中，除了主神梵天、毗湿奴和湿婆三位，天上还有太阳神苏利耶、空中有风神瓦尤、地上有火神阿耆尼等，还有众神之王因陀罗、财神罗其密等。大多数神都有家庭，他们的妻子、孩子也都是神。

绝大多数印度人相信鬼神，相信因果报应。在印度教中，鬼也是神，如死神阎王等。所以，在印度，可以说人人"装神弄鬼"，而且深信不疑、乐此不疲。在印度，寺庙林立，最华丽、最有气势的建筑大多是寺庙。无论是印度教的寺庙，还是伊斯兰教的清真寺，无论是锡克教的金庙，还是佛教、耆那教的庙宇，都是金碧辉煌、雕梁画栋，寺内香客如织、烟雾缭绕，诵经之声不绝于耳。无论风吹雨打，许多印度人每天做的第一件事，就是跪在神像前，虔诚地祈祷。宗教活动成为印度人不可或缺的生活方式。

6. 联邦体制，民主国家

（1）**宪法**　根据1950年1月26日生效的《宪法》规定。印度为联邦制国家，是主权的、社会主义的、世俗的民主共和国，采取英国式的议会民主制。公民不分种族、性别、出身、宗教信仰和出生地点，在法律面前一律平等。

（2）**政党**　印度是多党制国家，在国家层面主要有三个党派势力较大，分别为国大党、印度人民党以及印度共产党（马克思主义）。独立后的印度长期由国大党统治，反对党曾在1977—1979年、1989—1991年两次短暂执政。1996年后印度政局不稳，到1999年先后举行三次大选，产生了五届政府。1999—2004年，以印度人民党为首的全国民主联盟上台执政，瓦杰帕伊任总理。2004—2009年，国大党领导的团结进步联盟在左派政党外部支持下，组成联合政府，曼莫汉·辛格任总理。2009年4月16日至5月13日，印度举行第15届人民院选举，国大党领导的团结进步联盟以较大优势胜出，再次组成联合政府，曼莫汉·辛格连任总理。本届政府于2009年5月28日组成，2011年1月内阁成员进行任内第一次改组，7月进行第二次改组。

（3）**联邦议会**　联邦议会由总统和两院组成。总统为国家元首和武装部队的统帅，由议会两院及各邦议会当选议员组成选举团选出，任期5年，依照以总理为首的部长会议的建议行使职权。两院包括：联邦院（上院）和人民院（下院）。联邦院共250席，由总统指定12名具有专门学识或实际经验的议员和不超过238名各邦及中央直辖区的代表组成，任期6年，每两年改选三分之一。联邦院每年召开四次会议。宪法规定副总统为法定的联邦院议长。

（4）国家立法机构　人民院为国家主要立法机构，其主要职能为：制定法律和修改宪法；控制和调整联邦政府的收入和支出；对联邦政府提出不信任案，并有权弹劾总统。人民院共545席，其中543席由选民直接选举产生，每5年举行一次大选。2009年选举产生的第十五届人民院组成为：国大党及其盟党262席，国大党获206席，为第一大党；印度人民党及其盟党157席，印度人民党116席；左翼政党及盟党80席，其余政党44席。

（5）司法机关　最高法院是最高司法权力机关，有权解释宪法、审理中央政府与各邦之间的争议问题等。各邦设有高等法院，各县设有县法院，最高法院法官由总统委任。总检察长由政府任命，其主要职责是就执法事项向政府提供咨询和建议，完成宪法和法律规定的检察权，对宪法和法律的执行情况进行监督等。

总统府

7. 文明古国，历史悠久

"印度"其名来自印度古代文明的发祥地之一——印度河，古代印度的地理概念指整个南亚次大陆，包括今日印度、巴基斯坦、孟加拉三国。我国最早知道印度是西汉张骞出使西域的时候，最初称印度为"身毒"，后来称为"天竺"、"贤豆"等。唐代高僧玄奘西行之后在其著作中始称"印度"，这一称谓沿用至今。

印度和古埃及、古巴比伦、中国被称为"世界四大文明古国"。现代考古发掘表明，史前印度（约公元前600年以前）经历了旧石器时代、新石器时代、金石并用时代和印度河流域文明等不同时代。公元前2500年至公元前1500年之间，创造了灿烂的印度河文明。公元前1500年左右，原居住在中亚的雅利安人中的一支进入南亚次大陆，并征服了当地土著，建立了奴隶制小国，确立了种姓制度，婆罗门教兴起。约公元前1000年，开始形成以人种和社会分工不同为基础的种姓制度，即婆罗门、刹帝利、吠舍和首陀罗四个种姓，这一制度一直影响到今天。

公元前325年，旃陀罗笈多推翻难陀王朝，建立了孔雀王朝，几乎在整个印度次大陆建立了中央集权统治。公元前3世纪，崛起的孔雀王朝的第三代国王阿育王统治时期，疆域广阔、政权强大，佛教兴盛并开始向外传播。孔雀王朝于公元前185年灭亡，小国分立，印度进入了列国时代。直到公元4世纪，古代印度的第一个

印度石像

统一的封建王朝笈多王朝兴起，带来了两个世纪的和平与繁荣。在笈多王朝时期，从婆罗门教演化出来的印度教兴起并逐渐占据主导地位，也正是在这个时期，古代印度文化达到了顶峰。

从公元8世纪开始，信仰伊斯兰教的阿拉伯人不断侵入南亚次大陆，同时也将伊斯兰教传入此地，使印度文明增添了新的色彩。伊斯兰教与印度教成为古代印度的两大宗教，佛教与耆那教日渐式微。1398年突厥化的蒙古族人由中亚侵入印度，并于1526年建立了莫卧儿帝国。从此，印度的不同教派及分散的村社走上了民族统一的道路，成为当时世界上最富有、最强大的国家之一。

15世纪末期，葡萄牙人到达印度，主要从事香料贸易，即从印度收购便宜的香料运往欧洲牟利。此后，荷兰商人接踵而至。1600年12月31日，英国人为了同荷兰人竞争，成立了东印度公司，开始着手从事东方贸易。至17世纪末期，英国已在印度沿海建成孟买、马德拉斯和加尔各答三个商业、政治中心，并以此为据点，不断向印度内陆地区扩张。1757年的普拉西战役标志英国正式统治印度的开始。18世纪末至19世纪初是英国在印度扩张领土最突出的时期。在1763—1818年的55年内英国在印度直接进行过30次兼并土地的战争，在1766—1818年的52年内英国与印度地方政权签订过23次割地条约。并在1765—1815年的50年内解决了欧洲其他国家在印度绝大多数的据点。英国在印度的疯狂兼并及掠夺，激起了1857年的印度民族大起义。英国殖民当局镇压了起义，并正式结束了名存实亡的莫卧儿王朝。英国当局也对其在印度的殖民统治方式作出重大改变，结束了东印度公司在印度的统治，开始了英国政府直接统治时期。

英国在印度的势力虽达到了顶峰，而随着印度的民族主义运动的应运而生，印度"国民大会党"（简称"国大党"）和

"伊斯兰联盟"相继成立。19世纪末期开始，印度人民展开了不屈不挠的独立运动，其中印度最伟大的政治领袖甘地（1869—1948年）领导人民以不合作运动反抗英国，用非暴力方式争取独立，赢得了民众的支持，为民族主义事业做出了重大的贡献。第二次世界大战结束后，印度民族解放运动再度兴起，独立呼声高涨。国大党和伊斯兰联盟在对印度未来的宪法、议会

选举、政府组成等问题上发生了分歧。代表国大党的甘地和贾瓦哈拉尔·尼赫鲁坚持印度的统一，而代表伊斯兰联盟的真纳则坚决要求成立单独的伊斯兰国家——巴基斯坦。1947年6月，英国通过"蒙巴顿方案"，将印度分为印度和巴基斯坦两个自治领。1947年8月15日，印巴分治，印度独立。1950年1月26日，印度共和国成立，为英联邦成员国。

达尔湖美丽的船屋

8. 经济崛起，喜忧参半

印度独立前经济很落后，是个以农业为主的国家。独立后，国家政府确立了经济增长、社会公平、自力更生、多元并重的经济发展目标，并建立起政府管制下的混合经济体制。一系列的经济法规出台，使得经济得到了迅速的发展。然而对私有部门的高度限制以及限制外资流入，也造成公有部门的垄断与效率低下，使印度成为社会主义国家以外对经济干预最多的国家之一，市场机制的作用在很大程度上受到抑制。因此，从1950年到1980年独立后的这30年里，年均经济增长率只有3.5%，印度经济长期处于低速稳定增长状态。

1991年7月，国大党政府大力推行经济改革，把半封闭、半管制的经济变为开放的自由市场经济，并与世界经济接轨。从此，印度经济增长明显加快，1993—2002年期间，印度经济的年均增长率达6%，2006—2007年达到创纪录的9.7%，2007—2008年达9.0%，2008—2009年度，受全球金融风暴的影响，印度的经济增长率回落到6.2%。尽管如此，印度仍是世界上经济发展最快的国家之一。经济加速发展，提升了印度的经济实力，据印度《中央统计组织》统计，1990—1991年，印度的国民生产总值只有50341亿卢比，而2010—2011年度则升至487923亿卢比（约合10070亿美元），增长了近10倍。1989—1990年，印度出现外汇危机，只有9.75亿美元的外汇储备，但截止到2011年3月，印度外汇储备猛增至2973亿美元。此外，自1991年经济改革以来，印度不断加大吸引外资的力度，外资流入呈稳定增长态势，印度对外贸易也出现

印度卢比

香料交易市场

了良好的势头。截止到2011年1月，吸收外国直接投资累计达1440亿美元。

2010年4月—2011年1月，印度外贸进出口总额达4582.3亿美元，其中进口2735.98亿美元，出口1846.32亿美元。

经过60多年的经济建设，印度总体经济实力已大大加强，成为发展最快的经济体之一。据美国高盛公司预测，未来50年内印度经济增长率将达到年均5.8%以上，国内生产总值在2015年将超过意大利，2020年超过法国，2025年超过德国，成为仅次于美国、日本、中国的第四大经济体；到2032年，印度的国内生产总值年增长率将达6%并超过日本；到2050年，印度经济增长仍会达到5%，并且有希望成为世界上最大经济体。

尽管印度成为世界经济的重要一极基本得到普遍的认可，但印度的发展有着巨大的缺陷。由于受欧盟债务危机蔓延和国内政策无力的影响，2012年第一季度GDP增速放缓至5.3%，不仅显著低于上一个季度的6.1%，而且这一增速为7年来最低。上一财政年度对增长贡献显著的行业，如房地产、金融和政府服务、制造业、基础设施和农业等增长情况都不尽如人意。

从宏观经济数据看，印度经济面临的几个突出问题还包括：经常账户和财政赤字有所扩大，以及通货膨胀居高不下。在国际收支平衡状况方面，2011—2012财政年度，印度贸易赤字高达1849亿美元，同比增长56.7%，而经常账户赤字与GDP比值预计将达到3.5%~4%的高水平。中央政府的财政赤字超过官方预测，达到GDP的5.9%（截至2012年3月31日）。过去一年来，在负面消息冲击下，印度市场中资金外流的迹象愈来愈明显，使得印度卢比对美元汇率累计下跌已经超过20%。

一个增长态势貌似良好的国家，为何会突然面临"折翼"风险呢？《经济学人》杂志评论说：长期悬而未决的国内问题是印度经济增长放缓的主要原因。这些问题包括：印度政府大肆举债、排挤私人企业、放任通胀高企。印度已经多年没有通过重大改革方案了，面对官员腐败、社会混乱和巨额财政赤字，国内企业感到愤怒，投资者望而却步。此外，领导层的分裂是印度最大的障碍。国大党内部对于经济上任何重大的自由化都存在显著分歧。许多高级领导人反对进一步的改革，其中有些人可能认为经济改革将使他们失去选票，或至少不会获得新的选票；有些人可能自满于印度既往经济增长，自我安慰地说：尽管自2004年以来印度极少采取新的重要改革措施，经济仍然高速增长；有些人将近期经济增长放缓归咎于全球趋势或周期性的国内因素，而不是经济改革停滞的累积影响。但英国媒体预计，在相当长一段时期里印度经济将疲弱无力，人们开始质疑"印度奇迹"能否继续？

总的来看，印度的未来掌握在自己手中。面对危机，印度必须进一步深化改革，增强抵抗宏观经济风险能力，尤其需要妥善处理财政赤字过大、全球金融一体化进程中的管理不善以及国内信贷长期失控等问题。

灿烂文化

　　印度是世界四大文明古国之一，是古老神秘的东方大国，又是一个变化万千、充满矛盾的神奇国度。印度的文化具有十分鲜明而又强烈的宗教性、多样性和包容性。

1. 两大史诗，千载辉煌

　　《摩诃婆罗多》和《罗摩衍那》产生于公元前4世纪至公元4世纪，并称为印度两大史诗，在印度文化中占有重要的地位，是印度后世各类文学艺术创作的重要来源。不了解这两大史诗，就无法了解印度，它们影响了印度人的生活、信仰、道德及价值观数千年，对周边国家尤其是东南亚诸国也产生了巨大的影响。正如印度诗圣泰戈尔所说："几个世纪过去了，但是《罗摩衍那》和《摩诃婆罗多》的源泉在印度这个国家并没有枯竭。每天，每个村子里的每个家庭，都在朗读其中的诗句。"

　　（1）《摩诃婆罗多》 "摩诃"指"伟大的"意思，"婆罗多"为印度的古称，也是印度古代民族的称号。正如我们把自己称为"炎黄子孙"那样，印度人称自己为"婆罗多的子孙"。《摩诃婆罗多》描写了古印度伟大的婆罗多族俱卢和般度两个同宗族之间正义与邪恶间的伦理争斗，这个著名的圣战也叫"俱卢之野"，它被称为世界上最长的史诗。在这样的鸿篇巨制中，除了中心故事之外，还插入了许多其他故事和传说。由此，《摩诃婆罗多》成为了印度一部百科全书式的圣典，以

印度神猴

《罗摩衍那》舞蹈

史诗的名义向人们昭示了宗教、哲学、文学、美学、政治、军事、道德、伦理、法律、民俗、历史等丰富、深邃的文化内涵。

（2）《罗摩衍那》 被称为"最初的诗"，意思是"罗摩的游历"、"罗摩的生平"或"罗摩传"，其主要内容是写英雄罗摩伟大的一生。罗摩是阿逾陀的王子，其父想把王位传给他，可是由于妃子的要挟，王位无法传给罗摩。他自甘流放，进入森林，其妻悉多、弟弟罗什曼那也与罗摩一起流浪。在森林中，悉多被十首魔王劫走，罗摩与猴国结为同盟，打败十首魔王，救出悉多。14年后，罗摩回到国内，受到举国上下的热烈欢迎，他继承王位，统治国家。史诗把罗摩作为理想的英雄人物加以歌颂，悉多在史诗中则是贞洁的化身。

贴士

要让来去匆匆的旅游者精读两大史诗是困难的。但是如果对这两大史诗一无所知，那么到一些旅游点，只听导游的介绍可能会听不懂。建议行前找两本简装书翻一翻，略知大概还是有好处的。

2. 舞蹈语言，全身传情

印度舞蹈历史悠久，素有"歌舞之邦"的美誉。四大古典舞蹈婆罗多舞、卡塔利舞、卡塔卡利舞和曼尼普利舞，以其独特的风格在世界艺苑中享有盛名。它的产生有着各种各样的神话传说，据说多彩的舞姿是从各种神灵祭祀活动中衍生出来的。

（1）地位高上的舞神湿婆　在印度舞蹈史上具有至高无上的地位。直至今天，每当有舞蹈演出时，湿婆的舞蹈神像往往要被供放在台前。这尊舞蹈中的湿婆神像不仅做工精妙，而且寓意深刻。神像采用的是站姿，正在翩翩起舞。他右上手拿一鼓，象征创造的各种声音；右下手象征保护和祝福；左上手托起燃烧之火，象征可以毁灭一切；左下手斜向下垂，与抬起的左脚相对，象征自由；右脚下踏一魔鬼，象征善战胜恶；左脚上抬，象征超凡脱俗，升腾不息；周围装饰，则是象征养育人类的自然世界。

（2）身体语言异常丰富的舞蹈　印度舞蹈最明显的特点就是身体语言异常丰富，尤其是手语更是变幻莫测。据说，舞蹈演员单手可做出28种姿势，双手可做出24种姿势。再加上首、颈、臂、腿和脚的配合，其姿势就不可胜数了。这种

肢体语言丰富的印度舞蹈

变化万千的姿势可以代表人的七情六欲、种种举动，甚至可以代表天地山水、白昼和黑夜等自然现象。总之，人世间的一切活动都可以用舞蹈动作中展现。印度舞蹈还讲究手、眼、心、意的统一。简单地说，就是手势、眼神、内心所想、面部表情以及身体其他部位的动作都要有机地结合起来，从而可以充分表达出舞者想要表达的意境。印度舞蹈一般要求以身体语言体现出8种"拉斯"，"拉斯"意即"味道"。这8种"拉斯"分别是：斯楞嘎尔（爱）、哈谢（诙谐）、格鲁楞（怜悯）、劳得尔怒入威尔（英雄）、帕雅那格（恐怖）、威帕兹（轻蔑）、阿得浦得（惊愕）和尚德（安详）。当然，这8种"拉斯"还涵盖有多种多样的变化。

婆罗多舞

3. 电影王国，名副其实

（1）电影年产量最多

说到印度，人们就会想起曾经在中国非常受欢迎的印度电影。《流浪者》《大篷车》在中国几乎家喻户晓，人人皆知，那美丽的画面、欢快或忧伤的旋律、感人肺腑的曲折情节使人难以忘怀。

电影在印度是一门移植而来的艺术，也是该国的支柱产业。20世纪初传入印度后，发展非常快，从1913年第一部印度故事片诞生至今，历经数十年的发展，已形成了一个年营业额约500亿卢比，拥有近200万工作人员，年产1200部各种影片的庞大行业。这1200部影片中，800部是故事片，400部是电视片、商业广告片和译制片，这个数字相当于我国电影年产量的8倍，是"好莱坞"的4倍，这使得印度成为世界无可争辩的"电影帝国"。

（2）宝莱坞电影城——最大的电影生产基地

宝莱坞电影城是印度最大的电影生产基地，地处孟买西郊一个山谷中，占地1600多公顷。那里地形复杂，景致多变，既有高山湖泊、林木草地，又有小溪花园，风景迷人。在那里可以鸟瞰毗邻的森林公园和孟买最大的湖——维哈尔湖。宝莱坞电影城摄影棚十分宽大，设备齐全，能创造出一年四季各种自

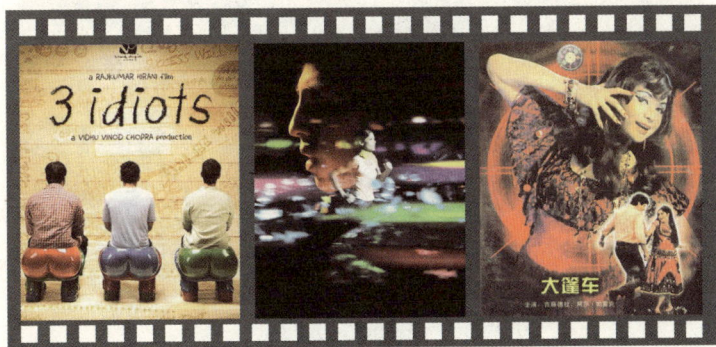

脍炙人口的印度电影

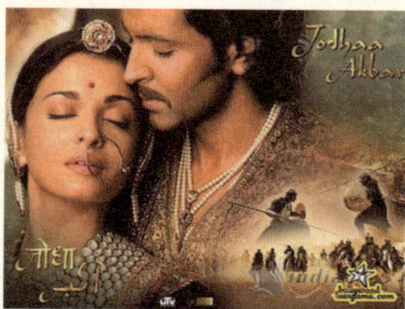

电影《阿巴克大帝》

然景象。这个电影制作中心可以同时拍摄数十部影片。

宝莱坞电影的全球观众人数超过好莱坞，平均每天2000万人。过去几年来，宝莱坞电影在全球的观众量以每年15%的幅度迅速增长，全球观看人次达36亿，而"好莱坞"影片却只有26亿。不仅如此，宝莱坞电影还成功地扮演了印度文化输出的角色，人们可以通过电影文化来感受印度，电影向来是博大精深的印度文化的一个重要组成部分，它以艺术的方式向世界展示印度的历史、文化、宗教、社会等各个层面的内涵。印度最流行、最卖座的电影几乎都是宝莱坞生产的。宝莱坞电影不仅满足了印度国内广大的观众，而且越来越多地出口到南亚、非洲、中东和欧美地区。

宝莱坞影城拍摄现场

民风民俗

印度是一个固守传统的国家，时至今日，传统的习俗和观念在印度仍有相当大的影响。

1. 社交礼节，别具一格

印度待人接物的讲究相当多，印度人最常用的招呼语是"那摩斯戴"（与"那摩斯加尔"同意），这是印地语"您好"的意思。

（1）**双手合十**　配合"那摩斯戴"的身体语言。一般是双手合十于胸前，或举手示意。两手空着时，则合十问候；若一手持物，则举右手施礼，切不可举左手。合十的高低也有讲究。对长者宜高，两手至少与前额相平；对晚辈宜低，可齐于胸口；对平辈宜平，双手位于胸口和下颌之间。

（2）**拥抱**　常见之礼。若久别重逢，或将远行，或有大事发生等，则要拥抱。拥抱时，彼此将双手搭在肩上，先是把头偏向左边，胸膛紧贴一下，然后把头偏向右边，再把胸紧贴一下，有时，彼此用手抚背并紧抱，以示特别亲热。

民间舞者

点"吉祥痣"能驱邪避灾

（3）摸足 是行大礼。在很重要的场合，对于特别尊敬的长者用额头触其脚，吻其足，或摸其足。现在常见的摸足礼，即先屈身下蹲，伸手摸一下长者的脚，然后再用手摸一下自己的额头，以示头脚已碰。

（4）献花环、点"吉祥痣" 欢迎宾客的礼节。印度人为了表示隆重欢迎，不仅向宾客献上花环，而且还给客人点上"吉祥痣"。客人越高贵，所串的花环也越粗。每逢喜庆节日，印度人爱用朱砂在前额两眉中间涂上一个圆点。他们认为，"吉祥痣"可以驱邪避灾。有时，在姑娘出嫁之前，父母要选吉日，请僧侣专门给姑娘点"吉祥痣"，祝愿她终身幸福。现在，"吉祥痣"实际上已成为印度妇女日常打扮和美容的一个组成部分。

（5）糖果礼 一份糖果或是一束鲜花是印度人访朋问友经常送的礼物。因为印度人爱吃甜食，所以送糖果的居多。糖果有的是从商店购买的，有的是自家做的。印度人自家做的糖果又甜又腻，如果不习惯，很难受用。

2. 传统服饰，色彩斑斓

（1）男装 印度男性着装以白色为主，传统的男子服装叫"托蒂"，实际上就是一块缠在腰间的布，上身则穿肥大的、过膝的长衫（古尔达）。男子在家一般都穿这种传统服装，舒适宽松。由于气候炎热，男子出外流行穿猎装。上班时政府职员和教授则西服笔挺，头发上抹了发蜡，油光闪亮。不少男子口袋里都有一把小梳子，一有空闲就拿出来梳几下。老百姓很少穿袜子，多数人即使在寒季也是穿凉鞋，有时穿皮鞋也不穿袜子。印度的民族正式服装类似于中山装，小竖领、一排扣子很醒目。由于印度长期作为英国的殖民地，西服很流行，穿印度正式民族服装的反而不如穿西服的多。

（2）女装　印度女性服装色彩艳丽，传统服装主要有纱丽和旁遮普服。"纱丽"是一块长约6米、宽近2米的布料，穿时配有叫"贝蒂果尔"的衬裙和叫做"杰默帕尔"的紧身胸衣，裹在身上，露出两臂和腰部。"纱丽"的缠法也因地区和种姓的差异而不同，劳动妇女和养尊处优的贵妇人穿纱丽有不同的风格。纱丽有各种质料，有纯棉、化纤、真丝等，颜色五彩缤纷，图案千变万化，有的富丽华贵、有的典雅大方、有的鲜艳夺目、有的素雅怡人，妙龄少女和少妇穿上纱丽，显得端庄妩媚，走起路来，娉娉婷婷、婀娜多姿、别有一番风韵，可以和中国的旗袍媲美。印度最有名的纱丽是丝绸纱丽和产于古吉拉特邦的印染细麻布纱丽，价格自然不菲。

除纱丽外，印度女性最爱穿的是另一种民族服装，叫"旁遮普服"，上身是一条宽松的长及膝部的外衣，一般都在领口、胸前和袖口绣有美丽的图案，下身穿一条紧身的裤子，脖颈上从前往后披一条薄如蝉翼的纱巾，走起路来，纱巾随风拂动，显得潇洒飘逸。

穿着纱丽的印度少女

盛装打扮的印度少女

3. 独特配饰，五花八门

爱美是人的天性，印度妇女非常喜爱首饰。豪门深宅的贵妇、淑女披金挂银、珠光宝气，首饰多达十几、甚至上百套。穷人家的妇女，即使家中再贫困，也会有几件铜或玻璃、塑料制成的首饰。印度妇女的首饰包括耳环、鼻环、头饰、手镯、戒指、项链、脚镯、脚铃等。

（1）**耳环**　印度妇女从小就扎耳朵眼，开始戴耳环。耳环由金、银、铜、宝石、象骨或牛骨等材料制成，形状和款式各异。印度都市的女孩子一般都有十几付耳环，随服装色彩、式样的变化佩带不同的耳环。镶宝石的耳环和金耳环价格昂贵，镀金或假宝石耳环价钱非常便宜，但可以假乱真，骨制耳环别有一番情调。

（2）**鼻环**　鼻环是印度妇女独特的饰物，戴鼻环前要在两侧鼻翼上扎出孔眼，然后把鼻环或鼻饰戴上去。未出嫁的少女一般不戴鼻环，出嫁时则要戴鼻环，并用一条金链或银链将鼻环和头饰连接起来。

（3）**手镯和戒指**　这是最普遍的首饰，不仅女的戴，男的也戴，在印度人的心目中手镯具有幸福和长寿的含义，锡克教男女教徒则佩戴铜或铁制的手镯。印度的下层妇女喜欢在手臂上戴十几个色彩鲜艳的塑料手镯，有钱人家的妻女则爱佩戴镶宝石的手镯或金银手镯。戒指几乎人人都戴，妇女佩戴各种颜色的宝石戒指，使纤纤

中央邦女孩

031

玉手显得更为秀美；男子也不示弱，佩戴镶着大块宝石（以红、蓝宝石居多）的戒指，有时显得不伦不类。

（4）**项链** 项链的种类更是五花八门，从高档的价值连城的宝石项链，到廉价的玻璃项链，一应俱全。宝石、黄玉、珍珠、水晶，以及各种奇石，还有象骨做成的项链，争辉斗艳、美不胜收。

（5）**脚镯和脚铃** 脚镯和脚铃是印度妇女喜爱的饰物，现在城市妇女戴脚镯和脚铃的不多，农村妇女则依然经常佩戴。脚铃一般都是铜制的，少则十几个，多则近百个，用细金属链串起来绑在脚腕上，走起路来发出悦耳的声响。印度舞蹈演员在表演时几乎都戴脚铃，叮叮咚咚，演员用脚奏出一定的节拍。

脚铃

（6）**吉祥痣** 去过印度的人都会发现，印度妇女，不分老幼，都在前额正中点一个红点，称为吉祥痣，即"迪勒格"。按照传统的方法，点吉祥痣时要用朱砂、糯米和玫瑰花瓣等材料捣成糊状，点在前额的眉心。据说这本来是一

印度妇女

种宗教符号，可以消灾避邪。印度古代的瑜伽行者认为，前额的眉心是人的生命力的源泉，必须涂药膏加以保护。至今仍有不少印度教苦行僧前额点上朱砂。在印度教的婚礼仪式上，点吉祥痣是不可缺少的部分，有的地方是在婚礼之前请婆罗门祭司为新娘点吉祥痣，有的地方则是在婚礼仪式最后，由新郎为新娘点上吉祥痣，预示着婚后生活的幸福美满。

随着时代的进步，传统的用朱砂点吉祥痣的方法正逐渐被淘汰，妇女们大都用市场上出售的一盒盒加工成的吉祥痣，用时取出贴在前额上，不仅方便，而且颜色多种多样，可供挑选，搭配不同色泽的衣服和首饰。

点吉祥痣在印度虽然非常普遍，然而，按照传统习俗，寡妇是不能点吉祥痣的，不仅不能点吉祥痣，连首饰和色彩鲜艳的衣服也不能穿戴。这种习俗在当代已有所改变，尤其是城市女性已不再固守陈规。

（7）**手画**　在新德里的闹市，有时可以看见几个妙龄少女坐在椅子上，伸出双手，任由艺人在其手背上勾画出各种图案。一打听，原来这些是即将做新娘的少女，手画是为婚礼做准备。据说手画是印度西北部拉贾斯坦邦的妇女所创造的一种独特的化妆艺术。她们将当地产的一种植物的红色叶子摘下来捣碎成汁，放入白糖在火上熬煮，熬成糊状后晾凉，就成了一种红色染料。妇女们用细树枝蘸着这种染料，在自己的手心、手背和十指上，精心画出各种美丽的花纹和图案，然后晾上几个小时，待花纹干后用清水洗一遍。据说这些美丽的图案可保留三个星期。如今在德里所见的手画，不仅使用深红的染料，还有用金粉勾画的，大概也是一种改进吧。

闹市里勾绘手画的印度女子

4. 名目繁多的节庆日

印度是节日大国，除了印度政府规定的政治性节日以外，还有名目繁多的传统宗教节日，光是全国性的节日每年就大约有40多个，堪称世界之最。以下列举的是全国性较大的节日：

（1）元旦　1月1日，新年伊始，各家各户都要喜庆一番。

（2）印度共和日（Republic Day）　1月26日，即国庆日，各邦首府均有庆祝集会、游行和阅兵，而以首都新德里的庆祝盛会游行和阅兵最为壮观。

（3）甘地逝世纪念日　1月30日，是日在首都的甘地陵（Raj Ghat）有诵经、祈福活动。

（4）湿婆神节（Shivratri或Mahashivratri）　也叫湿婆神之夜节，在印度教寺庙庆祝，时间在公历2—3月（印度历12月第四天）举行。节日期间，不论男女老幼、高低贵贱都要斋戒。

（5）洒红节（Holi）　洒红节就是泼水节，是印度纪念黑天神的节日，源于古时的丰收祭仪，在每年公历2—3月（印度历为12月望日）举行。节日期间，成群结队的印度教徒，在篝火旁边尽情歌舞，庆祝春天来临，并互相泼水，向路人撒红粉或洒红水。

（6）罗摩节（Ramanavami）　每年公历3—4月，印度教徒庆祝毗湿奴神（Vishnu）的化身罗

节庆活动——赛船

隆重的洒红节

摩（Rama）的生辰。

（7）马哈维那节（Mahavir Jayanti） 耆那教徒庆祝其祖师马哈维那（大雄）寿辰之日（公历3—4月）。过节时，数以万计的教徒聚集在当地耆那圣人的大石像前举行祭典和参拜活动。

（8）复活节（Good Friday） 公历4月，纪念耶稣被钉在十字架后第三日的复活。

（9）佛诞节（Buddha Purnima） 纪念佛祖释迦牟尼诞生，公历在5—6月。每年的此日，各国的佛寺及僧众都要举行诵经法会，并根据"佛生时，龙喷香雨浴佛身"的传说，用香水洒洗佛身。同时，崇佛之家还要以花献佛，祭拜佛祖，施舍僧人。

（10）独立节（Independence Day） 公历8月15日，是印度全国性节日。1947年8月15日，印度摆脱了殖民主义统治，获得了独立。独立节这一天，印度总理要在德里的红堡上升起三色国旗，发表讲话，总统要向全国人民致辞祝贺独立节。

（11）十胜节（Dussehra） 是印度教最盛大的节日，又叫凯旋节。每年公历9—10月间举办庆祝仪式，仪式共举行10天，庆祝罗摩战胜邪魔。节日期间，全国各地上演歌舞剧《罗摩衍那》。第十天，广场上搭起魔王罗波那及其

贴士

在众多节日之中，最为重要的是灯节、洒红节和十胜节。

儿子麦克那德和罗波那的一个兄弟的巨大模拟像，人像里装满火药和鞭炮。在太阳落山的一刹那，扮演罗摩的演员手持带火的弓箭，向纸人射去，纸人体内顿时喷出火焰，化为灰烬。人们欢呼雀跃，节日达到高潮。

（12）灯节（Diwali） 灯节是印度教徒四大节日之一，在公历10—11月举行。灯节这一天，全国各地的印度教神庙显得格外热闹，人山人海。妇女们虔诚地手捧摆满祭品的盘子，缓步朝庙堂走去。祭祀仪式开始时，人们双手合十，闭合双眼，对着神灵默默祈祷。祈祷仪式结束之后，祭司在教徒的前额上点白灰、朱砂等，然后给教徒一点神赐的圣水和祭物。教徒们庆祝灯节会使人的身心得到净化，逢凶化吉，同时表示光明战胜黑暗、善良战胜邪恶。

热闹的传统节庆

5. 神牛崇拜，人牛共处

在印度，牛被印度教徒视为最神圣的动物，享有特别优越的地位。无论是在熙熙攘攘的繁华闹市，还是在宁静安谧的乡村小镇，到处都可以看到一头头牛在悠闲地散步、觅食，对过往汽车和行人熟视无睹，显得自由自在。有时，它们成群结队，结伴而游，浩浩荡荡穿过闹市。豪华轿车与牛并行，牛与豪华轿车抢道，是印度特有的一大景观。汽车必须给牛让路，似乎是印度特有的"交通规则"，遇到牛卧在路中央打盹，来往行人或汽车只好绕道而行，交通警察对此束手无策，老百姓则认为是顺理成章的事情。

一位印度朋友告诉笔者：并非所有的牛都是神牛，受到崇拜的主要是母牛、老牛。印度教神牛崇拜的起源，可以追溯到公元前1500年至公元前550年的吠陀时代。从中亚进入印度斯坦的雅利安人是游牧民族，主要依靠放牧牛马为生，牛既是繁殖的象征，又是人们维持生存的基本依靠。牛可拉车、耕地，可提供牛奶、黄油和酥油，牛粪可作为肥料和燃料。在印度人看来，人死之后，用牛粪焚尸，可使灵魂圣洁。印度人还说用干牛粪烧饭熬粥，极其香美。印度至今有的地方，在用餐前，还在地上洒上一些牛粪水，以示敬神。

不仅如此，印度教徒在日常生活中对牛敬若神明，是因为牛与印度教的创造神毗湿奴和破坏神湿婆有很密切的关系，毗湿奴最重要的人间化身黑天神在牧区长大，从小是个放牛娃；湿婆的坐骑是一头大白

游走于市集的印度牛

牛，他手执一柄三股叉，可降服一切妖魔鬼怪。印度教经典认为，牛是繁殖的象征，是人类维持生活的基本依靠，是人类最好的朋友；是牛帮助农民耕作供养人类，是牛献出乳汁哺育人类。在印度农村牛粪做成饼状晒干后，被广泛当作燃料使用。因此，与其他动物不同，牛是不可侵犯的，是应该受到人类顶礼膜拜的，是神圣动物。在一些普通的公共汽车上常能看到司机座位左前方供奉着牛像。

印度乡村赛牛活动

6. 种姓制度，观念难弃

在印度社会中，有一个敏感的现象就是种姓制度。普通印度人在公开场合忌讳谈及自己或者询问别人的种姓，特别是低种姓更是对种姓问题讳莫如深。

种姓制度已经有三千多年的历史，早在原始社会末期就开始萌芽。后来在阶级分化和奴隶制度形成过程中，原始的社会分工形成等级化并固定化，逐渐形成严格的种姓制度。

种姓制度的根据来源于印度教教义。印度教的前身婆罗门教的圣书之一《梨俱吠陀》曾称，诸神在分割大神时，大神的嘴变成了"婆罗门"，他们"平静、自制、苦行、纯洁、容忍、诚博学"；双臂变成了"刹帝利"，被认为"有英雄本色，威武、坚毅、临阵勇敢、慷慨，有将才"；双腿变成了"吠舍"，他们的本分就是"务农、放牧和经商"；双脚变成了"首陀罗"，他们生来只能"劳动和为他人服务"。因此，"婆罗门"即僧侣，为第一种姓，地位最高，从事文化教育和祭祀；"刹帝利"即武士、王公、贵族等，为第二种姓，从事行政管理和打仗；"吠舍"即商人，为第三种姓，从事商业贸易等；"首陀罗"即农民，为第四种姓，地位最低，从事农业和各种体力及手工业劳动等。在印度漫长的历史演变中，四个种姓又派生出许多亚种姓。除四大种姓外，还有一种被排除在种姓外的人，即"不可接触者"或"贱民"。他们的社会地位最低，最受歧视，绝大部分为农村贫雇农和城市清洁工、苦力等。

种姓是世袭的，实行严格的"内婚制"，即只能在同一种姓或亚种姓内部发生婚姻关系。按照规定，较高种姓的男子，可以娶较低种姓的女子为妻，这叫做"顺婚"，反之，便叫"逆婚"，要受到最严厉的惩罚，被开除出种姓，他们的子女沦为"贱民"，在社会上永远抬不起头。为此，不知葬送了多少少男少女爱的权利。几千年来，种姓制度对人们的日常生活和风俗习惯影响很深，种族歧视至今仍未消除，特别是在大部分农村地区尤为严重。

独立后，印度政府采取了很多措施来消除种姓歧视。1948年国会通过了废除种姓制度的议案。后来宪法和各邦法律也都作出相应规定，保护低级种姓利益。政府还在教育、就业、福利等方面对低种姓者提供一定帮助。随着社会的进步，印度的种姓制度也在发生变化，如种姓制度中的内部通婚制受到冲击，高种姓的女子现在也有同低种姓的男子通婚的。人们对职业的看法也有所改变，衡量职业高低不再以宗教思想为基础，而以金钱、权力为基础。在城市里，各种姓人们之间加强了来往与交流。

但总的来说，由于历史、经济和宗教的原因，种姓制度在印度已经形成了一种比制度更为抽象的范畴。从这个意义上看，与其说它是一种制度，不如说它已经是一种观念形态的东西。要让人们放弃一种制度是有可能的，但要让人们放弃一种观念是不容易的。正像有的印度学者说的那样："在印度社会中，一个人可以放弃一切，但放弃不了种姓观念。"因此，要想通过一纸文书或一个命令就能改变印度的种姓制度，只不过是一厢情愿。

印度传统壁画

热闹的婚庆现场

7. 繁琐的婚礼仪式

印度人的婚礼是社会地位的象征，也是一生中最重大的仪式。印度青年到了适婚年龄，都会由父母或者媒人代为寻找社会阶级、语言、区域、背景相同，以及生辰八字相配的对象。

印度的婚礼仪式十分繁琐。结婚之前，双方家长会通过充当媒人的祭司讨论嫁妆事宜，女方必须答应男方提出的嫁妆数量后，双方才可选定黄道吉日，开始筹备婚礼。婚礼前一天，新娘必须根据传统化妆方式，开始抹油、沐浴、更衣、梳头、画眼线、抹唇砂，并且在脚上涂以红色、在额头点红色"吉祥痣"、在下巴点黑痣，接着还要用植物染料在手脚上绘饰汉那图案，然后洒香水，佩戴首饰和发饰，最后是把牙齿染黑、嚼槟榔、擦口红，才算大功告成。

婚礼当天，新郎官骑着一匹白马浩浩荡荡地来到新娘家。这时女方家里已经架起火坛，双方亲友在祭司念诵的吉祥真言中，绕行火坛祝祷。之后，新娘在女伴的簇拥下走到火坛前面，由祭司将新娘的纱丽和新郎的围巾系在一起，代表婚姻长长久久。

印度婚礼的晚宴一般是在新娘家里进行，一对新人坐在婚宴中接受亲友的祝福。婚礼当天晚上新郎是在新娘家过夜，翌日才将新娘迎娶回家。

8. 沉重的嫁妆制度

女儿出嫁，父亲必须准备好像样的嫁妆，否则就很难嫁出去。这就是印度至今尚流行的嫁妆制度。嫁妆的多少不仅取决于男方的家庭和社会地位，也取决于女方的家庭状况。未婚夫

幸福的新婚伴侣

华丽的婚房

的社会地位高，身价也越高。因此，女方的父亲只能根据自己的经济能力去挑选女婿。选定女婿后最重要的事情是与男方的家长磋商，就嫁妆的多少讨价还价。

此外，按照印度的风俗，举行结婚仪式的费用也是由女方承担，为此许多家庭不得不到处借债，即使有钱人家，若有三四个女儿，也会被嫁妆弄得倾家荡产。对于高种姓或上流社会来说，嫁妆不仅包括绫罗绸缎、金银首饰，还包括小轿车等。结婚时嫁妆不足的妇女，不仅会遭到别人耻笑，婚后还会受公婆及丈夫的折磨，甚至被逼自焚或被婆家活活烧死。嫁妆成了女孩父母的沉重负担。

9. 寡妇的"三纲五常"

印度社会等级森严，但再也没有比丧夫的妇女更悲惨的命运了。印度许多地方的寡妇，都被打入社会最底层。虽然从当地宗教中找不到如此对待寡妇的根据，但这已经成为印度家族文化的一部分。

在传统的印度家庭里，女人只能扮演相夫教子的角色，只有那些有钱的或者比较文明的家庭中的妇女才有机会逃脱被迫害的命运，而能够再婚的女人更是少之又少。印度全国目前约有3300万寡妇，其中，约有一半的寡妇年纪都在50岁以上。丈夫死了，她们的生活也如同死亡。

在印度，女人一旦成了寡妇，就意味着悲惨生活从此开始。道理很简单，她们大多文化程度不高，没有赖以生存的一技之长，一朝嫁了人就好比"泼出去的水"，而她们所信奉的印度教又禁止改嫁，所以如果夫君提早故去，她们就只能无依无靠、孤苦伶仃地过日子。

更让人难以理解的是，印度传统礼教还规定，寡妇只能穿素衣，睡地板，吃不放作料的蔬菜食品，平时不能化妆，不能参加诸如婚礼之类的公众活动。

见闻趣谈

1. 重大仪式，点灯盼安详

铜灯

在印度，重大活动开幕仪式上第一项活动大都是主宾共同点燃铜灯。一般来讲，在活动地点的中心位置摆放一盏半人高的铜质油灯，油灯以酥油为燃料，并用棉绳作为引燃的灯芯。等宾客基本到齐，主持人便邀请主宾站到铜灯周围，这时主人便点燃一支蜡烛，然后送到客人手里，请客人点燃铜灯上一支灯芯，蜡烛在主宾之间传递，灯芯不断亮起，直到最后所有的灯芯都被点燃，主宾鼓掌，在场所有人鼓掌，就这样，活动在一片掌声中被正式"启动"。

据印度朋友介绍，重大仪式上点燃铜灯，其意义如同奥运会点燃圣火一样。点燃铜灯的仪式来源于印度最隆重的传统节日"排灯节"。排灯节与几个印度的神话有关，这些神话讲的是正义战胜邪恶、光明战胜黑暗的故事。为了表示对神祇们的尊敬，人们把房间打扫得干干净净并进行粉刷，然后穿上新衣，决心开始新的生活。商人停止使用他们的老账本，开始使用新账本。在黄昏的时候，每个家庭和商店点亮各种灯。那一晚，在无尽的灯火照耀下，整个印度亮如白昼。印度教徒普遍认为，油灯的光芒不仅可以驱逐黑暗，更能给人的内心带来和谐与安宁。

2. 印度人爱花没商量

印度人爱花爱到了一定程度。每天清晨，印度有两种市场开张最早，一个是报纸市场，一个是花卉市场。花卉市场销量最大的一种花是金黄色的金盏花，卖花人把这些花用线绳穿起来，成一串串花环。兜售这些花环的小贩骑着自行车，沿着大街小巷叫卖。几乎所有的商店都要买几串这样的花环，挂在神龛上，然后薰香祈祷，用清水洒地，之后便开门营业。在这些商家眼里，这些金黄色的金盏花是神灵喜欢的礼物，花的香味可使神灵高兴，从而店铺可以得到神灵保佑，财源才会滚滚而来。

为了取悦神灵，也为了装扮自己，印度女子，特别是南印度的女子，都喜欢每天在自己的头发上挂一串白色的或黄色的花环。印度人不仅喜欢用花装扮自己，也用花来迎接贵客。他们会将大大的花环献给贵客。每到传统节日，很多家庭就在门口用几色花瓣摆成一些图案。很多酒店每天都在门口摆放一个大大的铜质器皿，里面放一些水，水上撒一层玫瑰花瓣，迎接客人的到来。

3. 树当神敬，祈求庇护

在印度，树像神一样被人敬重和供奉，人们在树上缠上彩线、挂上鲜花、供上香火，祈求得到"神树"的庇护。

树在印度被保护和尊重，这源自各种传说和宗教信仰。在佛教典籍中，佛祖出生于波罗叉树下、悟道于菩提树下、圆寂在娑罗双树林中。在佛祖生命中重要的时刻，这些树曾守候在佛祖身边，人们由此觉得它们当然会沾染上佛的气息，给人带来庇护福荫。走在新德里街头，你时不

树下做祭祀活动的人们

时会看到树上缠有彩线、挂有鲜花、树下供有香火，有人用绿枝蘸水洒头，或者对着大树默默祈祷。印度教伦理中有"五债之说"，即人生来就要偿还五方面的债务：祖宗债、神债、仙债、人债和鬼债。鬼债指的就是向动植物等还债，人类靠动物、植物生活，为了感谢它们，应该同情并且不伤害它们，如喂养动物、爱护植物等。

当然印度人对树的喜爱也有非常现实的原因，除了炎热天气中大树能消暑降温，大水来临时能缓解水情，取暖和饱腹也都离不开树。

印度人把对树的喜爱，上升到对神的膜拜，树与大自然的其他组成部分一样，都是人类赖以生存的基础，印度人对树的崇拜就是对自然的一种敬畏，这种敬畏也许正是印度文明生生不息的一个重要原因。

4. 能刷牙的神奇苦楝树

印度的树属于季雨林树种，蕴藏着珍贵的植物资源，如许多著名的材用、纤维、油脂和药用植物（紫檀、黄檀、蔷薇木、黑木柿、柚木等）。还有一种神奇的树，即印度苦楝树，这种树几乎全身都可入药。树干的渗出液是种闻起来苦、喝起来甜的浓稠液体，可以治疗各种溃疡；果实榨出来的黄色微苦的植物油，能治疗麻风病、皮肤病和急慢性风湿病；树叶上提炼出来的主要是活性化合物，可以防虫、消炎、镇痛，促进伤口愈合。印度人用苦楝树做牙膏，做专门治疗青春痘的洗面奶、香皂和净化血液的保健药，或者干脆用苦楝树叶泡水喝，解暑健身。不过最有特色的应用还是用苦楝树的树枝直接刷牙。在街头可以看到有人挑着整担的苦楝树小枝贩卖，树枝本身是牙刷，分泌出的汁液就是牙膏。据说用这种苦楝树枝刷牙还有治疗不孕的功效呢！

5. 独特的芒果文化

吉祥芒果

印度盛产芒果，无论是数量，还是品种都雄居世界第一。印度人对芒果钟爱有加，不仅将这种口味甘甜、营养丰富的水果奉为"果中之王"，在历史上长期作为各个土邦王室的专用贡品，而且对芒果的认知早已远远超越其自然属性，升华到了文化的高度，形成独特的印度"芒果文化"。

自1987年以来，印度首都新德里每年都要在7月上旬举行盛大的芒果节。印度各地的果品生产商都会将他们引为自豪的芒果品种带来现场向公众展示。

印度人将芒果花称为春天的灵魂。他们为每一种芒果赋予特定的名字，其中很多芒果的名字与宗教信仰或神有密切关系。印度许多佛教或印度教寺庙里都种有高大的芒果树。成熟时节，庙里的僧侣会挑选出品相和品质俱佳的芒果贡奉在佛祖面前。前来进香祈祷的善男信女也常常带来他们家乡的芒果，表达对佛祖的敬意。印度农业研究所曾用印度教一位女神的名字为他们新近培育的一个芒果品种命名，一种看似普通的水果就这样与一个地区的宗教和文化联系到了一起。

时至今日，印度人把芒果作为一种吉祥之果，认为它能给人带来平安。印度人迁入新居时，都会在门口上方悬挂芒果树的枝叶，祈求家宅平安，人丁兴旺。由于印度大部分地区都适宜种植芒果，从南到北，芒果的收获季节长达半年，因此芒果在很多地区成了民众生活中的日用品。他们在婚礼中，喜欢以芒果树枝叶搭建通向婚礼大棚的通道或牌楼。如果哪个结婚庆典上缺少了芒果树的装饰，会被认为这对新人的姻缘不够圆满，婚后生活难以幸福。人们用芒果做菜、作贡品，在有条件的地方，每天还会用新鲜芒果树叶接来清水，在日出时分淋撒在神龛前面。

6. 不一样的印度人

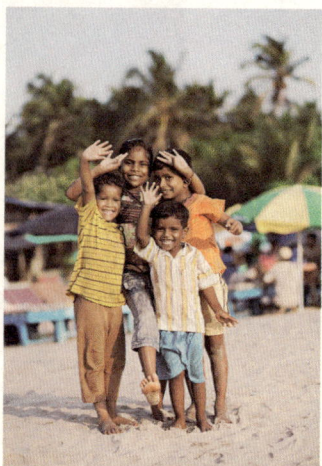
纯真的印度小孩

（1）自尊心强　印度是四大文明古国之一，印度人坚信自己国家的文化遗产、历史传统、人生哲学乃至行为方式都是世界上最完美的。他们最喜欢听的话是：在古代历史上，印度文化，包括印度佛教、哲学、数学、绘画、音乐等对中国文化产生过巨大的影响。他们百听不厌的关于中印文化交流的历史故事是唐僧去西天取经。每当称赞印度美女多次赢得"亚洲小姐"、"世界小姐"和"环球小姐"冠军称号时，他们的得意之情溢于言表。只要你对他们提起印度的软件、医药和生物化学工业技术等值得中国学习时，他们总是一面听，一面按照印度人的习惯摇头晃脑表示同意。但印度人的自尊有时显得有点盲目和自大。如耗时七八年才建成的一座立交桥，在竣工前三年就被冠以"世界级水平"的称号；一个不过二三十家小店的购物市场，在印度人眼里至少也是"亚洲顶尖"；一个极为普通的以保龄球为主的娱乐城，在招牌上赫然写着"南亚第一"。

（2）热情开朗　总体而言，印度人大多心态平和、性格开朗、待人热情、彬彬有礼，脸上常带笑容。他们对外国人特别友好，如果遇到外国人问路，绝对不会说不知道，总是不厌其烦地告诉你该怎么走，如果他真的不知道，他也会再问别人，然后告诉你，更有热心者，还会一直领你到目的地。

（3）处事不温不火　印度人天性达观、乐天知命、随遇而安。无论发生了什么事情，都不温不火、不紧不慢。印度人的不着急，突出表现在时间观念差，不愿受时间束缚，即使约好了时间，晚到半个小时再正常不过了。你如想约印度人办什么事，最好把时间提前到半个小时以上，这样才不至于误事。印度人的不着急，还表现在办事拖拉上。"时间就是金钱，效率就是生命"，这句话对不少印度人不管用。在别的国家一天能办完的事，在印度可能要两天甚至更长。印度人并不懒，但总因磨磨蹭蹭，缺乏计划性、周密性，而影响工作进程。你若催他加快进度，他总会满口答应，但总是兑现不了。

（4）淡泊名利　"雁过留声，人过留名"被许多人特别是被中国社会的精英人物看成是重要的事情，但印度人不重青史留名，突出表现在印度历代朝廷不设史官，即使称孤道寡的皇帝，权倾朝野的贵胄，也难费心设置什么史官来记载他们的丰功伟绩。同浩如烟海的中国史籍相比，印度的历史书籍实在少得可怜，其中有几百年历史竟然是空白，不得不到中国或其他国家的古籍中寻找史料。在中国许多文物保护单位是名人墓地。印度教徒死后当天火化，实在来不及则第二天火化，骨灰抛入江河，不建墓地，不设祖宗灵牌，也就是说，不在乎在历史上有什么影响。印度人不重青史留名，不仅仅是由于印度人历史观念淡薄，更是由印度人独特的宗教观、幸福观所决定的。

（5）慷慨施舍　受印度传统宗教文化主张独善其身、突出奉献的影响，不少印度人看轻身外之物，不注重物质享受，一些人甚至一夜之间就决定把终身积攒的财富全部贡献出来，用来造福社会。慷慨施舍，热心公益事业被印度教徒誉为最重要的美德，印度土生土长的佛教、耆那教强调这一美德，作为外来的宗教，在印度有重大影响的伊

印度女白领

斯兰教也强调这一美德。直至今天，施舍并且不求回报仍然是印度人最主要的一个共识和理念，仍被作为最重要的一种美德为印度社会所提倡，媒体上经常看到关于印度富人向寺庙、向穷人、向社会施舍的报道。

（6）**不重口诺**　印度人最喜欢说"No Problem"（没问题），实际上他说这句话时心里并没有底。可是，你若再问他，他仍然会说"没问题"，你若真信他，那就真有问题了。印度人这样说并非故意骗人，而是性格使然。

印度人不爱说"不"，即使他不同意你的看法，不接受你的邀请，他会用其他方式表示而不是简单地说"不"，这可以看成是印度绅士风度的一种表现。例如，邀请印度高官出席招待会，没有一个不答应的，但他们即使答应了，十之八九不会来。他答应后，你若与他敲定具体时间等细节，他会表示他将主动打电话与你约定，实际上，绝大多数人并不会给你打电话，你若当真，打电话去询问，他或者不接电话、或者把手机关掉、或者让他的同事告诉你他外出了，这时，你就应当明白，他并不真想来。如真想来的，往往会来书面材料予以确认。

7. 难缠的印度商人

印度商人做生意，喜欢砍价，往往还乱砍价，没有一点成本意识，甚至一上来他就"拦腰砍一半"。谈判中的报价，最好是口头报价，需要书面的报价也最好不要显示公司名称，更不要在报价上签名。印度商人有一个手法，习惯拿东家的价格给西家看，再拿西家的价格给东家看。因此，不要轻易给印度商人正式书面报价，尤其是在有好几家竞争对手的情况下，更要谨慎。

印度的中间商多如牛毛，他们的工作就是搜集情报、撮合贸易，作为生产厂家一定要注意，可能和你谈来谈去的印度客商只是个中间商而已，最终要多少货他都吃不准，虽然他会信誓旦旦地告诉你，他的工厂一个月需要多少多少，其实他自己一点也不需要，只是他的客户需要罢了。在同印度商人洽谈前，一定要搞清情况、看准客户、有的放矢，特别不能向对方透露你的下家。一旦他知道了你的下家，那就"拜拜您啦"。

双方签订合同后，你可别以为就钞票到手了。印度客商往往会急着要求你马上准备好货，恨不得明天就要发货。他也会告诉你，一回国马上就付款或开信用证。可往往有的人一走，就"肉包子打狗，有去无回了"，好像什么都没发生过。你再催他，他就会告诉你这个那个原因，以各种各样的托辞推脱。因此，在没有收到预付款前，千万不要组织生产，哪怕合同规定了明确的交货期。这就叫"不见兔子不撒鹰"。

印度商人

城市介绍

　　印度作为四大文明古国之一，其历史悠久，源远流长。历史文明与现代潮流的交织，科技与软件的发展，使印度成为一个充满神秘色彩、十分迷人的国家，其城市更是各具特色。

1. 首都新德里（地图 P144–P147）

德里位于印度恒河支流亚穆纳河畔西岸，印度人常说的德里是新、老德里及郊区的合称。德里是一个中央直辖区，面积1483平方公里，人口1385.1万，下分9个区。老德里为北边莫卧儿王朝17至19世纪建都的以穆斯林建筑风格为主的老城；新德里则是南边由英国人建设并将此作为其帝国首都的一座带有欧式格调的新城，它是印度国家首都的所在地。

（1）七朝建都

在印度悠久的历史上，有七个朝代在德里建都。今天的德里已难觅其他6个王朝都城留下的明显踪迹，展现人们眼前的是最后两个朝代的两个都城，新、老德里中间隔着一座德里门，并以著名的拉姆利拉广场为界。传说第一个德里叫做"因陀罗普拉斯特"，意为"因陀罗神的住所"，是史诗《摩诃婆罗多》中的英雄所建。公元8世纪曲女城的土邦王迪里重建此城，由于古代诸侯割据，征战不休，德里几经兴衰，历尽沧桑。12世纪末，征服印度的外来穆斯林开始在这里建都。17世纪中叶，莫卧儿王朝第五代皇帝沙·贾汗从阿格拉迁都到此，用10年时间建成了七个德里城中的最后一座。19世纪中期，英国吞并印度，英属印度的首都迁至加尔各答。1911年，德里再次被宣布为首都。随即在德里城外的西南开始兴建一座新城，并于1931年完工，这就是新德里。1950年1月26日，独立后的印度

宣布成立印度共和国，定都新德里。

（2）中心地带——新德里城区

新德里城区街道宽敞幽静、绿树成荫，中心地带还有保护得非常好的大片自然状态的森林；街上终日行人稀疏，宽敞的大道，难见车水马龙、交通拥堵。整个城市以姆拉斯广场为中心，城市街道成辐射状、蛛网式地伸向四面八方。市中心的国家大道两侧耸立着宏伟的建筑群，如印度门、议会大厦、总统府等，分为南北两区。城东部河畔，有黑色大理石砌成的甘地墓；城南有尼赫鲁纪念馆和建于1930年的图书馆，因庭院前有三座手持长矛的古代武士铜像而又称"三象馆"。在国会大街的琴佗孟佗公园内，有建于1710年的古天文台，这座天文台共有14组奇形怪状的建筑，分别用来测量日月星辰。在新德里，寺院神庙随处可见，最有名的一座神庙是比拉财团出资修建的拉克希米·纳拉扬神庙。西端的康诺特广场建筑新巧，呈圆盘形，是新德里最大的商业中心。此外，还有艺术宫和博物馆等名胜，以及著名的德里大学和不少科研机构。老德里则大街小巷纵横交错，随处可见拥挤的小巷，破败的房屋，衣衫褴褛的路人。

（3）新德里是印度的政治、经济、文化中心

如今，在新德里可以感受到整个国家运行的脉搏。同时，新、老德里紧紧相连，古老与现代交相辉映，既可以看到印度辉煌的历史，也可反映出印度现代的雄姿。

德里红堡

2. 加尔各答——东印要埠（地图 P171）

加尔各答位于恒河三角洲胡格利河左岸，是西孟加拉邦的首府。整个都市区面积为1750平方公里，人口1430万。它是印度规模最大的城市，印度的主要港口，也是东部的交通枢纽。它地处纬度较低的印度热带地区，气候终年炎热，一年四季绿树葱茏，鲜花盛开。

300多年前，加尔各答仅是恒河三角洲上的一片沼泽地。1690年，英国殖民者看中它的商业价值，买下此地作为贸易和扩张的据点。当时这里仅有三个小村庄。后来，英国人开始在一个村庄建造码头、教堂、军营和医院。随着商贸活动的开始，一大批店铺很快就在这一地区出现了。不久快速扩展的城市建筑就将这三个小村子连成一片，这就是后来的加尔各答城。1858—1912年，加尔各答是"英属印度"首府，直到1912年，英印首府才迁往新德里。

（1）加尔各答是印度经济、交通和文化中心之一

这里有世界最大的黄麻加工工业区，主要工业有棉丝纺织、钢铁、军工、机械、车辆、电机等。加尔各答是南亚重要的国际航空站，为印度东海岸最大港口。恒河流域盛产的黄麻、茶叶、矿产等大都从这里出口，货物吞吐量仅次于孟买，约占全国的1/3。

（2）印度的文化之城

数不清的庙宇、皇宫、古堡、佛塔，使加尔各答成了一个名副其实的探究古老而辉煌的艺术、宗教、哲理的"历史博物馆"，每年有大批国内外游客前来参观、游览。

贴士

加尔各答还是印度诗圣、著名作家和社会活动家泰戈尔的出生地。泰戈尔是中国人民的朋友，1924年曾访问过中国，与中国人民结下了深厚的友谊。中国人到了加尔各答，都要去瞻仰他的故居。

（3）迈丹区——加尔各答最有吸引力的地区

加尔各答的迈丹区是最有吸引力的地区，周围有许多名胜古迹和游艺场。中北部坐落着著名的威廉堡，北端的伊甸园有世界上最古老的板球场；西南端有动物园和东方最好的赛马场；赛马场东是维多利亚纪念馆和圣保罗教堂。维多利亚纪念馆建于20世纪早期，是一座文艺复兴时代风格的雄伟建筑，高高的圆顶上挺立着胜利女神像，还有不少大英帝国开拓印度殖民地的重要人物像，如克莱武和瓦伦哈斯丁斯等。馆内陈列了许多表现维多利亚时代大事的绘画和女皇诏谕、纪念品等。乔林吉路和苏德街交汇处，坐落着印度最古老的博物馆——印度博物馆，规模之大在东方首屈一指。博物馆分考古、艺术、人种学等六个部门，展品非常丰富，如巴鲁特、犍陀罗、笈多等陈列室里的雕刻、壁画、浮雕等复制品，波斯、印度的名画，还有象牙、漆器、陶瓷等重要文物。

（4）恒河支流——胡格利河

流经加尔各答市的胡格利河是恒河的支流，虔诚的印度教徒视恒河为圣河，认为恒河水可以洗涤灵魂的罪孽，于是沐浴是每天必行的重要宗教仪式。每天早上，成群的印度教徒来到

维多利亚纪念馆

胡格利河边，先用河泥涂遍全身，他们认为圣河的河泥也是神圣之物。据说河泥还可以治病，对胃病尤有奇效。他们做过祷告后，用清水洗净全身。他们认为沐浴涤荡了罪恶，净化了肉体和灵魂。

（5）加尔各答街头的耍蛇术

在加尔各答街头巷尾、公园内外、寺庙侧畔，经常可以看到来自乡间的老人吹着笛子，伴随着那优美的乐曲，竹篓里的眼镜蛇，鼓足皮囊，摇摇曳曳地扭摆起舞，这是印度的古老民间艺术——耍蛇术。耍蛇术是世代相传的职业，据记载早在公元3世纪时就已盛行。观看耍蛇的人们常常把耍蛇人围个水泄不通，街头异常拥挤。

舞蛇者

3. 孟买——美轮美奂的"皇后项链"
（地图 P186–P187）

孟买位于印度的西部，是印度的第一大城市，也是马哈拉施特拉邦首府。其面积为603平方公里，人口约有1191万。因孟买濒临阿拉伯海岸，市区背依青山，一座座新式的高楼大厦和旧式楼宇在月牙形的海岸上交相辉映。尤其到了傍晚，华灯耀彩、金光万点仿佛美轮美奂的项链，所以孟买又有"皇后项链"的美称。

（1）孟买原本是阿拉伯海上的七个小岛

"孟买"一词来源于葡萄牙文"博姆·巴伊阿"，意为"美丽的海湾"。16世纪初，古吉拉特邦苏丹土王——苏丹将此地割让给葡萄牙殖民者。1661年孟买又被作为葡萄牙公主的嫁妆转赠给英国，英国人接管之后大兴工程，建立了城堡和商港，由于城市的发展扩大，原来的七个小岛经过填筑连成一个半岛，即孟买岛。

（2）孟买是天然的良港

孟买是印度的西部门户、印度海军的重要基地、印度的经济中心及工业基地，在印度的政治、经济、金融、军事及文化等各方面都占有重要地位。孟买还是印度纺织业的发源地，是世界上最大的纺织品出口港之一，各种印度花布、麻纱，大多从这里输出。孟买的工厂数目占全印度的15%，纺织工厂占40%。

（3）孟买堪称民族的大熔炉

孟买不仅聚集着各式各样的种族，还富有浓厚的国际色彩。

（4）孟买最繁华、最迷人的南半部

孟买南半部是最繁华、最迷人的地方，岛南端有两岬角环抱巴克湾伸入海中，闻名遐迩的滨海路环绕着蔚蓝的巴克湾。市中心的维多利亚花园建于1861年，园内有动物园、维多利亚和阿尔培博物院以及一具发掘出来的大石象。阿拉伯海之滨的"印度门"，建于1911年，是为纪念英国国王乔治五世访印之行建造的。这座古吉拉特式的宏伟建筑，外形酷似法国的凯旋门，现已成为孟买的象征。由于门下可以容纳600人，因此这里也被作为迎接各国宾客的重要场地。1947年，

美丽的孟买外滩

印度独立的时候曾在印度门前的广场举行过阅兵仪式。市内的西印度威尔士亲王博物馆就靠近印度门，拥有美丽的庭院。该博物馆自1990年开馆以来，就以其高水准的收藏水平而成为印度首屈一指的博物馆。博物馆由绘画、考古、自然等三部分场馆组成，馆内还藏有很多珍贵名画、中国玉石和陶器。

（5）孟买市内有亚洲最长的首饰街——黄金市场街

这里经营金银珠宝的大小商铺鳞次栉比，店店相连。陈列各色金银首饰的橱窗琳琅满目，进出孟买的旅客和游人都要来此选上一两件称心的首饰。

（6）孟买的宗教色彩很浓

孟买不仅有印度教的庙宇，还有许多清真寺，以及基督教、天主教的教堂，例如乔帕蒂海滩附近的巴布尔纳特寺庙群、布胡勒什瓦市场的穆姆巴德维庙和供奉富贵之神的摩诃拉克希米寺等。市东南6公里处的象岛上还有公元7世纪兴建的供奉印度教三大神之一湿婆神的石窟庙宇。每年在季风变换、雨季快要结束时，印度教徒都要到象头神（智慧之神）的诞生地孟头海湾欢度象神节。朝圣者抬着湿婆、雪山神女和他们的儿子象头神的像，在街头游行，纵情狂欢。

孟买旧建筑

南印度古典舞蹈

4. 金奈——南印门户（地图 P199）

金奈地处印度东南沿海，东临孟加拉湾，为泰米尔纳德邦的首府。它是印度第四大城市，市区面积为174平方公里，人口约422万，拥有300多年的建城史。金奈是印度最大的人工港，海、空、铁路和公路交通均很方便，故被称为印度南部的门户。

（1）"金奈"名字的由来

金奈原名"马德拉斯"，来源于"马德拉斯帕塔姆（Madraspatnam）"，1639年英国东印度公司选择此地为其永久居留地。此外，还有一个叫"金奈帕塔姆（Chennapatnam）"的小镇，位于南面。后来两镇合并，英国人喜爱用"马德拉斯"这个名字，但当地人习惯称为"金奈帕塔姆"。1996年8月，该市被更名为"金奈"，因为"马德拉斯"这个名称被认为起源于葡萄牙。据说，最初的葡萄牙名称是Madre de Sois，得名于早期葡萄牙人定居者中的一位权威人士。但也曾有人认为"金奈"可能并非泰米尔名称，而"马德拉斯"却可能起源于泰米尔语。另一个未经证实的说法是"金奈帕塔姆"得名于一座当地的神庙，后来被融为城市名。

（2）金奈是印度的第三大商业和工业中心

金奈是印度主要的汽车工业基地，汽车产量在印度全国占有很大的百分比，大约49%的汽车配件工业和34%的车辆工业集中在这里，因此金奈也被称为是"南亚的底特律"。它是一个西方外包工作的主要中心。

（3）金奈还是南印度的一个旅游中心

金奈以其世界文化遗产与典型的印度南部风格的庙宇建筑而著称。这里也是印度南部古典音乐和舞蹈表演的重镇。马里纳海滩被称为世界第二长的海滩。金奈南面59公里的默哈伯利布勒姆（Mahaballipuram）被称为"七寺城"，以海边的岩石庙著称。1200年前曾是南印度帕那瓦（Panava）王朝的主要海港和海军基地。金奈西南92公里的甘吉布勒姆（Kanchipuram）是帕那瓦王朝的故都，为印度最古老的城市之一。该城号称"千庙金城"，至今仍有120多座庙宇，是南印印度教圣地。

金奈艺术馆

5. 班加罗尔——印度硅谷（地图 P194）

班加罗尔位于印度南部，是印度第五大城市，也是卡纳塔克邦的首府。其面积为174.7平方公里，人口约429万。这是一座发展快速的大都会城市，全市聚集了几百家著名软件公司，软件业十分发达，是印度的科学与科技中心，有着印度"硅谷"的美誉。

（1）班加罗尔是一座"IT化"的城市

IT业的强劲发展为班加罗尔积聚了大量的财富。自1958年，德克萨斯公司在班加罗尔建立了一个设计中心后，就为其他跨国信息技术公司来此设点开辟了道路。20世纪60年代，中央政府把重点国防和通讯研究机构，如科学研究所、国家航空研究所、雷达电子发展公司等设在该市，使该市的信息技术产业得到迅速发展。这里不仅有印度知名的因弗塞思公司，还创造了"印度的比尔·盖茨"——普雷吉姆，并有131家国际大型IT公司在此落户。印度政府对班加罗尔的IT业发展给予了充分的政策扶持。1999年，印度成立了信息科技部，成为当时世界上少

班加罗尔玻璃房

有的专门设立IT部门的国家之一。2000年印度IT法案生效，为该国电子商务的稳步发展提供了法律保障。"海归派"对印度IT业的发展也功不可没，他们为印度带来了充足的资金和尖端的技术。同时，大量会说英语的廉价劳动力也吸引着西方IT精英公司纷纷将班加罗尔作为发展的桥头堡。

（2）班加罗尔是印度南部的经济、文化中心之一

该市分为新旧两城：旧城为商业区，新城为工业区。附近盛产棉花、稻米、油料作物和烟草。印度的重工业中心，有机械、电器、化工、飞机、钟表、金属加工等，还有传统的地毯编织业、棉纺织、丝纺织和现代化的制革业，生物科技也是它的一个拳头产业。班加罗尔大学、印度科学院、印度科学研究所、农科大学、国家动力研究所等70多所教育研究机构均位于班加罗尔市内。

（3）班加罗尔的酒吧文化

班加罗尔还有印度"酒吧之都"的雅号，夜生活十分有格调，"酒吧文化"颇为盛行。市中心甘地路和布莱各德路，小酒吧比比皆是，每一家都有独特的音乐风格与装饰，是许多年轻的软件工程师放松休闲的好去处，也是班加罗尔夜生活的一道亮丽风景线。

班加罗尔办公楼

6. 海得拉巴——花园之城（地图 P198）

海得拉巴（Hyderabad）位于德干高原中部，克里希纳河支流穆西河两岸，海拔617米，为安得拉邦首府，是印度的第六大城市。全市面积220平方公里，人口345万。居民多为印度教徒，其次是伊斯兰教徒和基督教徒，主要通行乌尔都语和泰米尔语，是伊斯兰教古代文化的中心之一。

（1）海得拉巴是美丽的"花园之城"

海得拉巴拥有400多年历史，它不仅是一座有着悠久历史的古城，还是一座商业发达的现代都市。它以美丽的自然风景、庙宇、清真寺、尖塔、商场和桥梁著称，并受到多种文化影响，宫殿、建筑、房屋、公园和街道都各具特色，被誉为"花园之城"。

（2）安得拉邦的首府

1591年，海得拉巴由穆斯林高尔康达王国统治者库塔布沙希苏丹建立，命名为"巴吉亚纳加尔"。1685年被莫卧儿王国占领，1687年被设定为德干的首府。1724年尼查姆王朝建立后，海得拉巴成为独立的国家，1763年为海得拉巴土邦首府并改现名。它被尼查姆王朝统治到1948年，印度独立不久海得拉巴就加入了印度联邦，1956年11月1日印度联邦的行政区重新分化后海得拉巴成为安得拉邦的首府。

（3）印度的第六大城市

海得拉巴之所以可以成为第六大城市，主要是因为19世纪在海得拉巴市附近建立的"双子城市"塞康德拉巴德，它的迅速发展带动了整个海得拉巴地区的发展，成为印度半岛内陆棉花、谷物的集散地，有食品、烟草、纺织、机械、电气、化学、药品工业，也是铁路、公路的重要交会点，郊区设有机场。市中心多为商业机构，四周为住宅区。城西10公里处有高康达古城堡（Golconda Fort），高康达古城堡过去曾经是同名王国的都城，现在已成为海得拉巴一部分较大的城区，又被称做"赛博拉巴"（Cyberabad，即"电脑城"），同时也是钻石贸易中心。这片新兴区域的诞生是为了加快现代信息技术和旅游业的发展步伐。海得拉巴是印度较早发展通讯技术的城市。完善的基础建设使海得拉巴成为软件发展和生物技术的基地。许多印度和国外的公司在这里设有总部或研究中心。除此之外，还有8所大学、高等院校和200多所技术院校设立于此。

（4）交通发达、旅游景点数不胜数

全国各大主要城市都有印度航空飞往海得拉巴的航班，此外还有诸如：比甘姆比特、海得拉巴、塞康德拉巴德等多个火车站繁忙的交通运输业务将海得拉巴与邦内的每个城市、乡镇和几乎所有村庄都连接起来。

安得拉邦博物馆以其丰富的古董和艺术品贮藏而在印度闻名；海得拉巴的象征——杰尔米纳拱门；著名的印度堡垒之一——高康达古城堡；世界信息技术中心之一的海特克城；面积超过48公顷的海得拉巴植物园；著名的购物中心拉阿得集市；景色迷人的蓝毗尼公园；富有诗意的麦加清真寺；印度最大的尼赫鲁动物园；集休闲和娱乐为一体的NTR花园；印度最古老的大学之一奥斯曼尼亚大学；埋葬整个王朝在地下的陵墓沙希王朝陵墓，等等。

海得拉巴侯赛因湖

7. 艾哈迈达巴德——纺织之都（地图 P183）

艾哈迈达巴德（Ahmedabad）是印度西部古吉拉特邦最大城市、重要纺织工业中心和交通枢纽。它位于阿拉伯海东北肯帕德湾以北96公里的古吉拉特平原上，跨萨巴马蒂河东西两岸，海拔55米，面积93平方公里，人口352万，是印度第七大城市。

（1）古吉拉特邦首府

艾哈迈达巴德原系阿沙瓦尔的印度教城镇，1412年经古吉拉特国王阿默达·沙扩建，并改今名。15世纪起艾哈迈达巴德逐渐繁荣，17世纪成为印度西部最大、最繁荣的城市，后因孟买兴起，地位下降。印度独立后，1970年前为古吉拉特邦首府。

（2）艾哈迈达巴德重要的棉纺业

艾哈迈达巴德地处古吉拉特平原产棉区，棉花为主要物产，是印度重要的棉纺织业中心、印度第二大棉织业城市，有棉纺工厂70多家，每年输出值1亿5000万卢比，负担全国所需布匹的1/4，全市约一半人口靠棉纺织工业为生，有世界上最大的纺织品博物馆。

（3）艾哈迈达巴德的繁荣市井

艾哈迈达巴德左岸为旧城，是商业中心和铁路枢纽；右岸是新城，行政、文教和住宅区；工业区主要分布于铁路线和东部郊区。这个城市市景繁荣，人民穿着讲究，妇女们穿的是漂亮刺绣服装，佩戴着民族色彩浓厚的银制首饰，很多私人房子都装饰得美轮美奂。这里也有许多名胜古迹可供参观，著名景点有根格里亚湖、达达哈里台阶井、贾玛清真寺等。

美丽的艾哈迈达巴德少女

8. 斋浦尔——粉红之城（地图 P152-P153）

斋浦尔位于新德里西南250公里处，人口232万，是拉贾斯坦邦首府。斋浦尔现分为新旧两城，旧城多为古旧建筑物，亦是"粉红之城"所在地。100多年前，为了迎接英国王子的来访，斋浦尔将整个城市的建筑物刷成粉红色，看上去好似用红色的砂岩建造而成。在拉其普特人的色彩语言中，粉红色代表好客。如今，斋浦尔的城市风貌依然保持着昔日的风采。

（1）拉贾斯坦邦的首府

这座散发着中世纪气息的城市实际上始建于1728年。几百年前，贾伊·辛格王公（Jai Singh）臣服于莫卧儿皇帝。后将王宫从建于山巅的琥珀堡迁到这里。市街按棋盘方格设计，笔直宽阔的大街井井有条。城中雄伟华丽的红色砂岩建筑完美地融合了拉贾斯坦和莫卧儿的建筑风格。贾伊·辛格王公以自己的名字将其首府起名为斋浦尔。

（2）斋浦尔的标志性建筑物——风宫

贾伊·辛格王公是一位颇有造诣的天文学家。他在自己的宫殿旁修建了简塔尔·曼塔尔天文台（Jantar Mantar）。离天文台不远处是斋浦尔的标志性建筑物——风宫（Hawa Mahal），它是城市宫殿的一部分。这座高大的红色砂岩建筑物有几百扇精雕细刻的镂空窗户，每个窗户三面凸出呈蜂巢形，布满宫殿外墙。据称，设计风宫的初衷，是为了王室贵妇们能站在高处，透过镂空的窗户，观看平民的市井生活和欣赏节庆游行，而不会被外人所见。

（3）斋浦尔豪华的城市宫殿

这位热衷于建筑、天文学、医学的贾伊·辛格王公，将莫卧儿和拉贾斯坦建筑风格完美地融为一体，在斋浦尔市中心修建了城市宫殿（City Palace）。这座豪华的巨大建筑群几乎占据了被城墙围住的斋浦尔城面积的1/7。如今宫殿的一部分作为展示、保管斋浦尔王公物品的博物馆。这里陈列着许多艺术珍品及古籍，墙壁上用红宝石、黄金磨成的颜料绘制的细密画色彩鲜明、精致典雅。在兵器珍藏品中，有用水晶制成手柄的黄金短刀，还有用精美宝石装饰的宝剑，令人目不暇接。博物馆里还有两个号称是世界上最大的银质水罐，据说曾经为远赴英国留学的王子运送过恒河圣水。

（4）斋浦尔传统风格的市井风貌

显赫一时的王公贵族的尊贵与奢华已成为历史。但是，斋浦尔继承了昔日特有的艺术传统和风貌。繁华的市场商铺里的手工艺品和珠宝首饰琳琅满目，既可以在常青路两旁的店铺里买到物美价廉的手工艺品，也可以在约哈里市场街（Johari Bazar Rd）购买世界著名的翡翠和红宝石饰品。具有当地特色的皮革制品、纺织品、蓝陶制品、金属工艺品，还有在手工制作的纸和象牙上画的古朴精美的细密画等都深受游客喜爱。

瓦拉纳西（贝拿勒斯）是北方邦的大城，位于东南部，距离新德里780公里，坐落在恒河中游新月形曲流段左岸，人口约110万，是印度教最著名的圣地。根据印度教义，恒河是最神圣的河，而处于恒河河畔的瓦拉纳西也就成为了最神圣的城市，它在印度人民的心目中一直占有重要的地位。

（1）瓦拉纳西——印度之光

瓦拉纳西古称"加西"，意为"神光照耀的地方"。因城市地处瓦拉纳河和阿西河之间，1957年改为现名称，是两条河的合称。瓦拉纳西享有"印度之光"的称号，是印度恒河沿岸最大的历史名城，相传6000年前由作为婆罗门教和印度教主神之一的湿婆神所建。早在公元前4—6世纪，这里已成为印度的学术中心。公元前5世纪，佛祖释迦牟尼曾经来到这里，在位于市西北10公里处鹿野苑首次布道、传教。公元7世纪，中国唐代高僧玄奘曾到这里朝圣，他在《大唐西域记》里对这座城市的古老建筑、居民生活、市井繁荣、宗教状况，以及风土人情均作了详细描绘。公元12世纪，印度的古王朝曾在这里建都。

恒河水浴

恒河沿岸

今天，瓦拉纳西在印度虽然属于一座中等城市，但它却以印度教圣地而声名远扬。

公元1882年，在恒河上修建了第一座桥梁后，瓦拉纳西城工商业得到发展，各种各样的店铺如雨后春笋般地出现在市区狭窄拥挤的街道两旁，货物丰富充足，尤其以丝绸、刺绣、地毯、铜器和金属加工闻名于世，并发展了棉纺织、碾米、榨油、皮革和机械、电机、化学、水泥、内燃机车等现代工业部门。

（2）瓦拉纳西是著名的文化城市

瓦拉纳西是印度北方铁路、公路与河道的交通枢纽，水、陆、空交通十分便利。瓦拉纳西兴办教育的历史久远，自古以来就是印度的文化中心，拥有印度教徒大学、梵文大学、加西大学等著名的高等学府。印度教徒大学设有100多个院系，拥有约2万名学生，是印度最高的学府。瓦拉纳西这座古老的宗教圣城，既是印度古老文化的缩影，又是印度现代文化的中心，对世界各地的游客具有极大的吸引力。瓦拉纳西市区迄今保留着2000多座建于不同朝代的庙宇，有的宏伟壮观、金碧辉煌，有的小巧别致、精雕细刻，建筑风格各异，形状多姿多彩，表现出浓厚的宗教色彩。在这众多的庙宇殿阁中，大多数是与印度教有关的建筑，其中著名的有供奉湿婆神的伽尸金庙及栖息着大量猴子的难近母（杜尔迦）神庙等。

在许多庙宇的墙角上带有做工精巧的石雕佛龛和鎏金的房顶，给人留下古老东方文明色彩的印象。瓦拉纳西市每年有400多个宗教节日，有时一天要过两次节，这些宗教节日的庆祝活动几乎都是在这些寺庙里进行的。

主要名胜

在印度这块古老的土地上，雄伟的喜马拉雅山倚天而立，佛教圣河恒河蜿蜒流转，世界七大奇迹之一的泰姬陵优雅妩媚，莫卧儿王朝的阿格拉古堡庄严肃穆，以及那些弥漫浓郁宗教气息的寺庙、回教建筑等，旅游资源极为丰富。

泰姬陵

1. 德里红堡（地图 P145C3）

　　到了德里，导游往往先领游客去看位于老德里的红堡建筑群。它是享誉世界的古老伊斯兰文化建筑名胜，坐落在德里旧城东北部亚穆纳河畔。传闻它是莫卧儿王朝第五代国王沙·贾汗因爱妻泰姬逝世，在故都（阿格拉）处处触景伤情而迁都德里后，仿照著名的阿格拉堡设计建造的。当时动员了全国的人力物力，于1639年动工，1648年建成，历时近10年，为印度最大的王宫。

德里红堡

红堡是一座用赭红砂石建成的壮丽宫殿群，呈不规则八角形，南北长915米，东西宽548米。一面临河，三面靠陆地，四面城墙长约2400米，高33.5米。城堡上竖立着用白大理石刻成的小塔，并用黄金、钻石和宝石镶嵌装饰，后又添加彩色马赛克，并将每块宝石精心加工后再嵌入大理石板的凹槽中，最后抛光，使之平滑光亮。此外，城堡上还有美丽的亭阁、阳台和透雕的大理石窗户。全堡有五座门，西边的正门拉合尔门高12.5米，门上建有八角形尖圆楼房和望楼。南门为德里门，较

红堡

拉合尔门小。拉合尔门内是一条70米长的拱廊街，两侧有32所拱屋。

红堡内所有内殿都是用大理石和其他名贵石料砌成。殿间柱间壁上有花卉人物的浮雕，用整块大理石镂空的窗板上，镶嵌着各色宝石，灿烂夺目。堡内觐见宫是昔日国王亲理朝政之地。这是一座三面敞开的殿宇，只有东墙上原有用宝石镶嵌拼成的色彩绚丽的图案，1857年印度民族大起义时被洗劫。宫殿内墙中央有一个壁龛，前面是国王的大理石宝座，高约3米，上面刻有花鸟树木等浮雕，雕工细腻。堡内最豪华的白大理石宫殿叫枢密宫，是国王与大臣商议国事之地，素有"人间天堂"之称，全部用白色大理石建造。三面是拱门，一面为透雕方形窗户，外形像一座雕饰华美的凉亭。宫内原有一座世界闻名的"孔雀王座"，长约2米，宽1米多，用11.7万克黄金制成，上面镶嵌钻石、翡翠、青玉和其他宝石，下部镶嵌着黄玉，背部是一棵用各种宝石雕成的树，树上站着一只用彩色宝石嵌成的孔雀。底座有12块翡翠色石头。台阶用银子铸造。如今，这个王座已不复存在，只有王座上方的墙上还能看到当年国王沙·贾汗下令雕刻的波斯文诗句："如果说天上有天堂，天堂就在这里。" 枢密宫北面是一座三室相连的宫殿，为国王寝室、祈祷室和叙谈室。在寝室与祈祷室之间，有一面大理石屏，上面有黄金镶嵌着月亮和星星，四周装饰着各种宝石。堡内宫中央的娱乐宫，被称为"沙·贾汗后宫的天上宝石"，宫中有一个专为国王消暑，聆听流水声而修建的白色大理石喷水池，池底是一朵雕刻的大莲花。宫内还有一个皇家浴室。浴室北面有一座美丽的珍珠清真寺，至今都保存完好。

傍晚时红堡更加壮丽，它那赭红色的庄严色调，在落日的余晖中更是鲜明耀眼。晚上有声光幻影表演，讲述印度古代的事迹。每年的8月15日是印度的独立纪念日，人们都会在红堡举行大型纪念活动，追忆昔日帝国的辉煌。

2. 规模宏大的胡马雍陵墓（地图 P147A3）

胡马雍陵墓是印度最早的莫卧儿式建筑，为该王朝第二代帝王胡马雍大帝的陵墓，位于德里东部亚穆纳河畔。1565年由其帝后哈米达巴奴·比恭主持修建。

胡马雍陵

该陵园规模宏大，园内棕榈、松柏纵横成行，芳草如茵，喷泉四射，四周围墙全长约2公里。其灰石建造的大门，为八角形的楼阁式建筑，表面饰以大理石和红砂石碎块。整个陵园全部用红砂石筑建而成，坐北朝南呈长方形。中间正方形寝宫建在高约24米的大石台上，四壁有分两层排列的小拱门，中央有白色大理石圆顶，圆顶中央竖立着一座黄色金属小尖塔，光芒四射。寝宫内呈放射状，通向两侧高22米的八角形宫室，上面各有两个八角顶凉亭。宫室两面是翼房和游廊。站在墓顶，可远眺亚穆纳河、顾特卜塔和贾玛清真寺。

传说当年胡马雍大帝在右侧翼房，从藏书楼的楼梯摔下致

胡马雍陵

死。胡马雍和皇后的石棺放在寝宫中央，两侧宫室安放着莫卧儿王朝五个帝王的石棺。红砂石精细的镂花，花园式的内景和四周墙壁上的拱形大门等，构成典型的莫卧儿风格。据说阿格拉的泰姬陵就是仿照胡马雍墓建造的。通常人们认为胡马雍墓受波斯艺术的影响，不过其底层平面图是印度风格。它的外表大量使用白色大理石也是印度风格，而没有波斯建筑师所惯用的彩色砖装饰。整个陵墓给人一种威严、宏伟又端庄、明丽的感觉，一扫过去伊斯兰陵墓灰暗、阴森的风格。显然，它和整个莫卧儿时期的建筑一样，是伊斯兰教建筑的简朴和印度教建筑的繁华的巧妙融合。

3. 贾玛清真寺——印度清真寺院之最

（地图 P145C3）

贾玛清真寺位于老德里古城东北角，是印度最大的清真寺。伊斯兰教的发源地在阿拉伯，后来传入印度，成为印度的主要宗教之一。1644年，莫卧儿王朝的第五代君王沙·贾汗大帝下令开始建造这座清真寺，他组织了庞大的工匠，动用了5000多名工人，耗资100万卢比，前后历经了14年，直至1658年才宣告完工。

沙·贾汗大帝在位期间，修建了许多在建筑史上具有重要意义的建筑物，如泰姬陵、阿格拉堡、巨大的德里城，以及其内的宫殿群。他最大的梦想是要在纯白的泰姬陵背面的亚穆纳河上架设一座大理石桥，然后在河对岸为自己建造一座纯黑色的，和泰姬陵一模一样的陵寝。可惜，泰姬陵完工没多久，这位极具艺术气息的、浪漫的、富有想象力的君王就病倒了，并被自己的三儿子篡了位，软禁在阿格拉堡里。据说，老国王每日站在阿格拉堡上远眺爱妃泰姬·玛哈的陵墓落泪，最终郁郁而死。

贾玛清真寺共有三座宏伟气派的大门

贾玛清真寺

　　贾玛清真寺高大而庄严，建筑在一座岩石小山上，距离地面大约有9米，远远望去，三座弧形突起的白色圆顶和两座高耸的尖塔，在蓝天白云的衬托之下，雄伟壮丽。它有三个大门可以通向寺的主体，步入大门，便是一个极其宽敞的四方大庭院，可容纳2.5万人在此集会。三座大门中，最大的是东面的大门，专供帝王进出，壮观华丽。寺顶部有三座白色大理石穹形圆顶，上面点缀着镀金圆钉和黑色大理石条带，在蓝天下显得分外皎洁。南北两座高耸的尖塔名为"宣礼塔"，用红色沙石和白色大理石交错砌成，塔内有130级台阶，游人可登上塔顶，观看老德里的闹市景观。

4. 造型雄伟的顾特卜塔〔地图 P146B2〕

顾特卜塔位于新德里南部15公里处，建于1193年，为新德里最具代表性的建筑之一。它是印度最高的塔，被称为"印度斯坦七大奇迹"之一。该塔的建筑风格融汇了印度教文化和伊斯兰教文化。

顾特卜塔由石块堆砌而成，赭红色的圆形塔身由20多根小圆柱组成，高72.56米。塔分五层，每一层都有突出的阳台，外表由交替的三角形和圆形折纹组成。前三层由红色沙岩制成，第四、五层由大理石和沙石建成，塔内饰有优美的壁画，镌刻着源于《古兰经》的经文，工艺精巧，造型雄伟。进入底层的塔门，循397级石阶，盘旋登上塔顶，可眺望新、老德里和亚穆纳河的秀丽景色。从塔内石壁上的刻文看，此塔大约是德里最后一个印度教统治者乔汉为他的王后建造的纪念物。1199年奴隶王朝第一个国王——德里的穆斯林统治者阿富汗古特伯·乌德·丁将其改建为伊斯兰风格，至14世纪中叶最后完工。该塔建造的目的是为纪念自己征服印度的胜利，故又称"胜利塔"。1828年，在顶端修建一个土耳其式圆顶凉亭。1848年英国哈丁公爵认为这个凉亭与塔整体不协调，命令将凉亭移置塔东草坪上。

塔旁，原有一座印度教庙宇，被莫卧儿人征服印度后捣毁，在原址建立了清真寺，现只剩下用各式镂空雕刻的石板镶嵌成的残墙断壁、高耸的半壁拱门和一根乌黑的大铁柱。铁柱高约7米，重6吨，底部和顶部的直径分别为0.49米和0.3米。柱上铸的梵文记载，大约铸于印度教国王统治时代，即公元10世纪以前。铁柱是由合金铸成，虽历经2500多年风吹雨打，仍不生锈，堪为冶金史上的一大成就。

去顾特卜塔旅游的人，都会去看塔旁边清真寺遗址内的一根大铁柱。每天有几十甚至数百人围在那里等着，一个接一个地背靠铁柱，双臂向后反抱大铁柱。当地有个说法，凡是反抱铁柱双手能接在一起的人，定会长命，一生走运。但凡到这里游览的人，出于好奇都要去抱一抱铁柱，所以铁柱被人抱的部分锃亮而光滑。

印度最高塔——顾特卜塔

宏伟的孟买印度门

5. 印度两门——新德里印度门（地图 P145C3）、孟买印度门（地图 P186C2）

（1）新德里印度门　位于国家大道东侧，巍峨耸立在国家公园中心。1921年动工修建，历时10多年。是为了纪念第一次世界大战中英国和印度阵亡的9万名将士而建，所以又称"印度战士纪念碑"。它的外形与法国巴黎的凯旋门相似，高48.7米，宽21.3米，全部用红砂石砌成。顶部有小屋檐，循台阶可登上顶端。拱门高42米，门上端刻着"印度"的英文字母及修建年代，门洞两壁镌刻着13000多名阵亡将士的名字。拱门顶端有一个直径3.5米的大油灯，每逢重大节日，夜间燃起一米多高的火焰，远远即可看到。

第一次世界大战时，当时的印度以战后的独立为条件协助英国作战，先后有9万多名印度士兵奔赴战场为英国战斗牺牲，然而在付出巨大牺牲后却并未获得独立，战争结束后英国为了安抚印度人民的反战情绪，政府出资修建了印度门。现在已成为印度的标志性建筑。

　　印度门东侧的三根旗杆悬挂着印度海、陆、空三军军旗，三军卫兵轮流为它站岗值班。在印度门不远的地方就是红堡。从印度门向西到拉杰巴特路（国家大道）总统府，两侧建有萨乌斯·布罗克、诺斯·布罗克政事厅及圆形的议会大厦。印度伊斯兰式建筑风格与西洋建筑风格相融的建筑直到今天仍作为总统府矗立在那里。在拉杰巴特路，每年1月26日共和国纪念日，都会举行以军队和各地民族艺人为主的盛大活动，印度门四周绿草如茵，旁边有水池和钟楼，景观庄严肃穆。

　　（2）孟买印度门　位于阿波罗码头，孟买西郊40公里处，是一座融合印度和波斯文化建筑特色的拱门，高26米，顶部有4座高耸的塔楼。1911年为纪念英国王乔治五世和玛丽皇后在此登陆而建，当时让陛下从门下通过，以示孟买是印度的门户。孟买印度门现已成为孟买的象征，是到孟买的游客的必到之地。该门由乔治·韦特（George Wittet）设计，1924年竣工。

6. 气势宏伟的总统府（地图 P144C2）

　　印度总统府位于首都新德里市中心。1911年由英王乔治五世奠基，1929年建成，作为英国总督府，原名维多利亚宫，印度独立后，改为总统府。

　　总统府是一座宏伟的宫殿式建筑，坐西向东，用浅赭色砂石建造，南北长192米，东西宽161米，建筑面积近2万平方米。前面的庭院中央竖立着一根高耸入云的斋浦尔石柱。庭院的铁栅栏门外，陈放着4门铜制土炮，相

贴士

　　总统府平时不可随便进入。旅游观光的外国人到印度旅游局（人民路88号）的印度旅游局办理登记手续就可进入。与总统府毗邻的印度议会大厦倒是游人比较容易进出的地方。印度是个议会民主制国家，每年议会开会时间很长，开会期间一般都是开放式的。

庄严的总统府

传是莫卧儿王朝创建人巴布尔大帝从中亚进军印度，建立帝国时带来的。

　　府内共有340个宫室，227根画柱，35个凉亭，37个喷水池，3公里多长的长廊。觐见厅是一座圆形建筑，圆顶直径近22米，高23.5米。厅内有白大理石墙壁，涂金饰花的圆柱，黑、白大理石铺砌的地面。宴会厅长31.5米，宽10米多，高9米，墙壁用黑色硬木嵌成，黑、白两色大理石构成三角形和四角形图案的地面。此外还有图书馆、总统办公室、会议厅、礼宾厅、会客厅等。会客厅的布置，体现了各邦的文化和传统。府内还有一座露天宫，建在高平台上，旁有一条黑大理石砌就的水渠，渠内流水淙淙。登上露天宫，能看到总统府四周的秀丽风光。

　　总统府有一个仿照莫卧儿时代建造的花园，命名为"莫卧儿花园"。每年春天的2月中旬至3月中旬向公众开放三个星期。这一传统是印度共和国第一任总统拉金德拉·普拉沙德在位时兴起的，一直延续至今。历届总统出自各自的喜爱，把芒果树、玫瑰花、仙人掌、石竹、金盏花、唐菖蒲、大理花等花卉引进园内栽培，使园中繁花似锦、五彩纷呈。北部地带有一片树林，大约有1000种常绿树。在公园入口处布置了由两只金属丝做的、披着匍匐植物的大象用来欢迎来宾。

花园内按三种几何图形规划，分为方园、长园和圆园三部分。首先是一畦畦的方园花卉草坪，中间由许多人工喷泉和石子小径分隔开，各色各样的亚热带花卉错落有致，以玫瑰花为最多。跨过方门进入长园，长园呈长方形，这里兰花很多，花型凝重，散发着使人醺然欲醉的香气。长园的建筑玲珑纤巧、亭台轩阁、对称倚立、清香扑鼻、绿荫蔽日。由圆门进入圆园，四周是圆形的墙，中间为圆圈的路，下面有圆形的湖，圆墙上牵牛花缠绕攀援而上，墙角、路弯布满了鸡冠花和仙人掌，在园湖边开满水仙花和凤仙花。整个公园设计别致，布局精巧，引人入胜。

7. 收藏丰富的印度国家博物馆（地图 P145C3）

印度国家博物馆位于新德里人民路，是1949年尼赫鲁时任总理时倡议建立的。博物馆于1960年落成，是一座以米黄色及粉红色石材建成的三层楼建筑，内部设备完善。它是印度境内最大、文物收藏最丰富的博物馆。

博物馆内藏品分为十大类：史前考古、雕刻艺术与古代钱币、抄本、碑铭、细密画、武器、装饰艺术、人类学、前哥伦布时期艺术、西洋艺术和中亚艺术。最初仅有1000件艺术展品，目前拥有20万件展品。馆内藏有公元前3世纪至今的印度不同地区和时期的各种珍贵历史文物，涵盖了印度5000年的文化遗产，包括古代印度铜器、陶器、雕刻等艺术品。其中较珍贵的有镶嵌52根象牙雕刻的银屏，以及象牙轿、奥朗则布国王手谕、印度圣典的波斯文译本、耆那教和印度教圣典、泰米尔纳都邦玛哈巴里普拉姆庙中的石雕等。

这里更多展示的是代表不同宗教和讲述不同宗教故事的大小石雕和铜雕，图案精美，保存完好，让人赞叹印度古代工匠的精工细作。博物馆二楼和三楼，展示的是印度古代著名的细密画、古代各民族服饰、生活用品、民族乐器等。

博物馆内还藏有中国敦煌壁画原作200余幅，展出的有20幅。这批画是英国人马尔·奥里·斯坦于1900年至1916年从中国敦煌偷运到印度的。馆内设有20多个展厅，以及图书馆、电影厅和文物仿制品商店等。

8. 庄严肃穆的甘地陵（地图 P145C3）

甘地陵位于印度首都新德里东面的亚穆纳河畔，是焚化甘地遗体之处。陵园呈圆形，四周是爬满青藤的水泥围墙，中央是甘地墓，由几块黑色大理石砌成，为一个高约1米、长宽约3米的正方形平台。墓后是一盏长明灯。陵墓正面刻有印地文："嗨！罗摩！"这是甘地遇难倒地时喊出的最后两个字意为"啊！天啊！"墓地出口处有一石碑，刻有摘自甘地1925年所著《年轻的印度》一书中所列的"七大社会罪恶"：投身政治而不讲原则；拥有财富而无勤缺勉；追求享乐而忘却良知；学识渊博而人格低贱；善于敛财而无视仁义；沉湎科学而疏忽人性；崇拜神灵而疏于奉献。

甘地是印度民族独立运动的领袖，印度共和国的开国元勋。他是印度现代史上一位非常复杂的人物。他出身望族，却极富平民主义思想；他时常赤裸上身，淡食素餐，不惜用绝食来节制自己的生理要求，大半生过着苦行僧的生活；他力图兼收并蓄各种宗教的真谛，俨然像一个圣徒；他诅咒西方现代文明，却又认为过错并不在其制度本身。就是这样一位骨瘦如柴的老人领导着印度人民，通过非暴力、不合作，抵制英国统治，最终使印度获得了独立。

在印度民众心中，甘地被尊称为圣雄，然而殖民统治者却称他为狂徒、伪君子、神秘主义者；安坐在宫中的印度土王和大君则认为他是荒谬的煽动者；努力寻求自治的印度政客认为

肃穆的甘地陵

他是蛊惑民心的骗子；伦敦的国会议员称他为"骑尿布（指他的缠腰布）的捣乱分子"。他穿梭于拥挤的城市和贫穷的乡村之间，主张非暴力方式争取独立。1947年8月15日，英国被迫承认印度独立。次年1月30日，甘地去参加了一个500多人的祈祷大会时，被一个伪装而来的狂热印度教徒枪杀了。这位终身提倡"非暴力不合作运动"的宗教领袖就这样在暴力中结束了自己伟大的一生。

甘地遇刺后，印度举国上下都沉浸在悲痛之中。他的遗体被安放在比拉尔寓所一楼的平台上，上面洒满玫瑰和茉莉花瓣，5盏油灯环绕四周。成千上万的人来到他的寓所，悼念他们的救星。

甘地陵只是一个象征性陵墓，里面并没有埋葬甘地的遗体。甘地被刺杀后，就在这里火化，他的骨灰分别撒在恒河和印度最南端科摩林角附近的印度洋、阿拉伯海和孟加拉湾三个海水会合的洋面上。为了永远纪念印度人民尊敬的领袖甘地，在他的火葬地修建了这座陵墓。

凡是到印度访问的外国领导人，都要去拜谒甘地陵，有的还在陵园南门栽种常青树，表示对甘地的尊敬。每逢节假日，吸引无数身着白色民族装的人们从四面八方赶来。他们脱掉鞋子，赤脚走进陵园，深切地悼念陵园的主人。到新德里的游客，也都愿来这里瞻仰一番。

9. 长明不息的尼赫鲁纪念馆（地图 P146A2）

尼赫鲁纪念馆在新德里梯莫迪路的大转盘旁，印度独立前曾是驻印英军最高统帅的住宅。自1947年印度独立后，尼赫鲁作为开国总理，便成为这座住宅新的主人。

1889年11月14日，尼赫鲁生于北方邦阿拉哈巴德市一个上流社会家庭。父亲莫蒂拉尔是印度近代著名政治活动家，出任过国大党主席。1913年，在反英独立运动风起云涌的大潮中，年轻的尼赫鲁加入了国大党，之后抛弃优裕生活，积极投身到圣雄甘地领导的非暴力不合作运动中，以反抗英国残酷的殖民统治。他的勇气、信心和睿智赢得了民众的爱戴。1929年，刚逾不惑之年的尼赫鲁不负众望，当选为国大党主席，正式走上了政治前台，开始成为领导印度独立的中流砥柱。尼赫鲁连任印度总理17年间，提出了一整套精心设计的建国方略，试图让贫穷落后的印度在摆脱殖民枷锁后，努力成为一个"有声有色"的大国。他参与制定了印度宪法，巩固了印度政治和经济独立，发起了不结盟运动。1954年，他与周恩来总理和缅甸吴努总理共同倡导的和平共处五项原则，如今已被公认为指导和处理国际关系的准则。

如今，纪念馆内的会客厅、办公室，直至尼赫鲁最后撒手人寰的卧室，都保持着主人生前的模样。摊开的书卷，柔和的台灯，发黄的

尼赫鲁

老花镜，旧式拨号电话……仿佛主人只是暂时离开。络绎不绝的参观者无不放轻脚步、压低声音，生怕打扰了他。从一双双专注虔诚的眼睛中，似乎感觉到这些来自各地的印度民众，也不乏外国

友人与游客正在静静缅怀着一代伟人，追思曾在印度现代史上留下浓重色彩的"尼赫鲁时代"。

馆内有间展厅展示了尼赫鲁的几封狱中家书。在长达数十年的反英斗争中，他先后9次入狱。他的全家，包括父母、妻女，以及妹妹一家都为民族解放和独立，经历了多次牢狱之灾，忍受了常人无法想象的苦难。在10年铁窗生涯期间，尼赫鲁克服了条件恶劣的种种困难，先后给爱女英迪拉写了几十封有关世界史的信件，这些家书精选了人类历史进程中的著名事件，语言生动、流畅清晰。后来，这些信件以《世界历史的一瞥》为名而结集出版。如今，纪念馆二楼还原封不动保存着英迪拉的卧室。偌大的房间内，虽然陈设简朴，但全是书的世界，其中就有这本公认的文学名著。尼赫鲁的女儿英迪拉在成为印度总理后曾坦言："父亲的来信有助于我准确地看待世界，正确地思考问题，帮我形成了自己的思想，这是其他教育都无法做到的！"

纪念馆大楼边一片林荫中，近年来被人们小心翼翼地辟出了一块空地。这里，三盏长明火安静地与大地母亲相依，每盏面前都摆着一面质朴的铁制铭牌——尼赫鲁、英迪拉、拉吉夫。三团永不停息的火焰，如同奔流不停的恒河圣水向前流淌，似乎提醒人们永远不要忘记与近现代印度休戚相关的这祖孙三代曾为一国三任总理的名字。

10. 泰姬陵——令人心醉的爱情丰碑
（地图 P161B3）

　　泰姬陵位于阿格拉城郊，亚穆纳河畔。这座陵墓是莫卧儿王朝第五代皇帝沙·贾汗为其宠妃泰姬·玛哈建造的，是后世赞颂最多的经典之作。它和中国的长城一样，是世界七大奇迹之一，是印度古老文明的象征。

　　泰姬陵的美除了建筑艺术的魅力还关乎它主人的传说。这是一个类似中国《长恨歌》的君王爱情故事。沙·贾汗是莫卧儿王朝鼎盛时期的皇帝，他嫔妃满宫而独宠波斯女子阿姬曼·芭奴。她美丽聪明，多才多艺，无论沙·贾汗出征还是被放逐都伴随身边。沙·贾汗封她为"泰姬·玛哈"，意为"宫廷的王冠"。她入宫19年，1630年在生下第14个孩子后死在南征的军帐中。沙·贾汗为了寄托对泰姬的哀思，依照她生前的宿愿，从1632年起花了22年时间，征召世界各地的能工巧匠，修造了这座300多年来一直为人们赞美的陵墓。沙·贾汗晚年被儿子奥朗则布篡位，将他囚禁在阿格拉堡的八角宫内整整5年，还不让他看泰姬陵。但每天晚上，沙·贾汗都通过一块大水晶石的

泰姬陵

折射，久久地凝视数公里外在月光下分外妖娆的泰姬陵。沙·贾汗死后被合葬于泰姬陵内，他的爱妃泰姬的身旁。

现在的泰姬陵已成为一个大陵园，前方是一个大水池，内设喷泉，池水潋滟，精美绝伦，倒映水中，如梦如幻。水池两边有长长

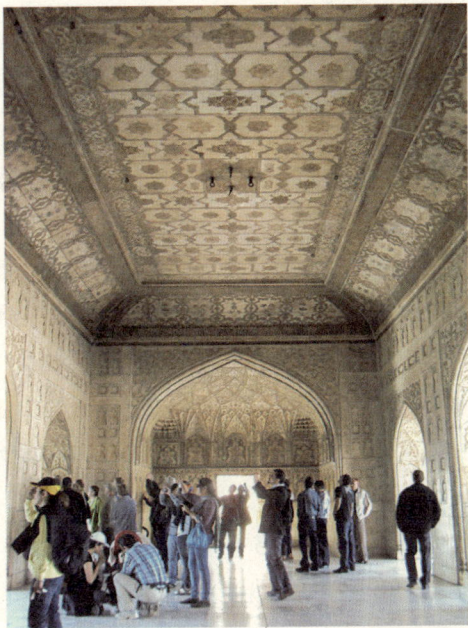

泰姬陵内宫

的红砂石甬道，一直通向正门，它充分体现了"天圆地方"的建筑风格。其正门是一座上下两层的白色大理石建筑，中间大门之上建一半圆形穹顶，四角有四座小亭，各亭之上亦有圆顶，完全是伊斯兰风格，气势恢弘，同时又柔和美丽。基座高7米，通体透白的大理石陵墓高74米，边长达95米。基座四角配有四座高40米的白色大理石三层塔楼，与主体陵宫彼此呼应，相得益彰。陵宫四面各有巨大的拱门，形似壁龛，配有透雕的大理石石扉。还有6座小拱门，列为两层，看上去形如石雕窗户。穹形圆顶的顶端是座金灿灿的尖塔，四角有4座凉亭，组成一幅十分协调的画面。

据说，泰姬陵最美丽的时候，是朗月当空的夜晚，因为白色的大理石陵寝，在月光映照下会发出淡淡的紫色，清雅出尘，美得仿似下凡的仙女。然而，一年之中堪称良机的日子不多，能否欣赏得到，就要看你的运气。

11. 阿格拉堡——宠妃的杰作（地图 P161B3）

　　阿格拉堡是印度著名古皇宫。它位于印度北方邦阿格拉市，亚穆纳河畔，是一座占地面积很大的建筑群。1564—1575年由莫卧儿王朝阿克巴大帝兴建。城堡全部使用当地出产的红砂石建造，所以又称"红堡"。

　　城堡的外形似一高耸的要塞。四周围有雄伟的双层红色砂石城墙，各有21米高。古城略呈半月形，西南两边各有一座城门，东濒亚穆纳河，有水门。西门称德里门；入门上陡坡，又有一道里门，叫象门；象门两边是八角堡楼，上面有以白色大理石镶嵌的凸形图案；南门称阿马尔·辛格门，是入城的唯一通道。

　　城内古建筑近500座，完全是印度教和伊斯兰教建筑艺术风格。沿大街向北就是觐见宫，是皇帝接见臣民的地方，是一

人文地理

红色砂石城墙阿格拉堡

阿格拉堡迎宾广场

座大理石建筑。觐见宫三面开敞，只有后墙，后墙上有精美的格子窗，中部是壁龛，装饰着硬石浅浮雕。往北是观鱼院，古时院内有大鱼池，池中养着成群金鱼以供观赏。往西北有一座白色大理石圆顶建筑，叫宝石清真寺，是莫卧儿王朝第五代皇帝沙·贾汗专为后妃礼拜和祈祷而建的。再往下是当年皇室的妃嫔贵妇们选购商品的地方，是宫廷内部市场。临河有一座露台，上面摆着大理石雕成的宝座。露台南是枢密宫，是皇帝接见外国使节和国内显贵的地方，用白色大理石建成，上有红色光玉髓和其他名贵宝石镶嵌成的图案。宫旁有一座八角楼，这是沙·贾汗在他的宠后泰姬生日时，特地为她修建的。八角楼

阿格拉堡

阿格拉堡一瞥

原有宝石镶嵌的花朵图案，光彩夺目。相传壁上有颗大宝石，可以反映出泰姬陵的全貌。当年沙·贾汗大帝第三个儿子奥朗则布篡位后，他就被幽禁在堡内，他经常通过这块宝石反射来看泰姬陵。如今这颗宝石不见了，只剩下壁上的深坑。据说，这些宝石在苏拉杰·马尔攻占阿格拉时被洗劫一空。枢密宫往东是内宫，用大理石建成，宫前有喷泉和水池。庭院东北角有一镜宫，为浴室和更衣室，室内四壁和天花板全部嵌满云母片和小镜片。

此外，还有一座红沙石建筑，那是贾汉吉尔的卧室。北面的一座厅堂，内有优美的垂饰，柱头的托架，雕刻精美，这是贾汉吉尔大帝生母佐德·巴伊的更衣室和接待室，贾汉吉尔的皇后努尔贾汉也在这里住过。努尔贾汉精明强干，贾汉吉尔晚年多病由她专权。她对待政敌心狠手辣，现附近还可以看到当年她设下的阴森恐怖的地牢，地牢旁边通往亚穆纳河有埋人的深坑。堡内的广场地面画着棋盘形的方格花纹，这是当时皇帝和皇后用宫女作棋子下棋的地方。

12. 法塔赫布尔西格里——胜利之城（地图 P142）

法塔赫布尔西格里是座被遗弃的宏伟城池，位于阿格拉西边40公里处。1571—1585年，阿克巴大帝统治期间，这里曾短暂成为莫卧儿王朝的首都。传说当时苦于无继承人的阿克巴Akbar（意思为"伟大"）大帝因在此处受圣人指点得到一子，为了感谢这位圣人在附近建造了清真寺，并于1571年将帝都从阿格拉迁移至此。1572年阿克巴出征古吉拉特胜利回到新都，为庆祝胜利建造了凯旋门，因此帝都称为法塔赫布尔西格里，即"胜利之城"。

但是法塔赫布尔西格里只做了14年帝都，1585年因缺水而被遗弃。因为其真实地记录和反映了帝王阿克巴对于宗教、家庭和国家的宽广胸怀，以及对于建筑绘画艺术上的鉴赏力，使得这座伟大城池建筑成为印度重要的世界文化遗产之一。

法塔赫布尔西格里建筑风格类似阿格拉堡，采用红色砂石为主体建筑材料，白色大理石为辅雕刻花纹或镶嵌图案装饰。现在旧日皇宫的赭红色城堡仍巍然屹立在嶙峋的石山之上。皇宫宽约1600米，三边城垣约3000多米。其南门是一座八角形高大红色建筑，外面用白色大理石装饰，顶端有小凉亭环绕。宫内有觐见宫、五层宫、土耳其苏丹宫、内宅、水池、庭园等。觐见宫内雕梁画栋，纵横排列着花卉草木图案，雕工细巧，引人入胜。五层宫是一座形若宝塔的五层建筑，最高一层是土耳其式圆顶凉亭，站在楼顶的每一角落，皆可俯瞰全宫及周围景色。妃子们居住的内宅建筑别致，屋顶用绿色琉璃瓦建造，内室墙上还绘制着一幅中国画。

法塔赫布尔西格里

13. 克久拉霍古迹——奇妙的雕塑艺术（地图 P143）

　　克久拉霍古迹位于中央邦切德尔布尔县东南处，距离新德里580公里。一千多年前，这里遍地生长着汁多味美的椰子树，"克久拉霍"中的"克久拉"即"椰子"的意思。

　　古时克久拉霍有一个名叫拿勒斯的祭司，他有一个女儿，容貌艳丽，像天仙一样。天上的月神惊羡这位姑娘的美丽，宁愿不做神仙而下凡到人间与她相爱。他俩坠入了爱河，月神告诉姑娘，她将生育一个勇敢的儿子，并繁衍成一个伟大的民族。后来姑娘真的生了一个儿子，繁衍了许多子孙，今日的克久拉霍居民就自称是月神的后代。公元10世纪前后，月神子孙们陆续建了85座庙宇。后来，随着外族的入侵，相当部分神庙被毁坏了，如今只有23座神庙被保留下来。

　　公元9—13世纪，克久拉霍是昌德拉王朝的首都，是个繁华的都市，客商云集，85座神庙就是在这个时期建立的。今日，克久拉霍虽无往昔的繁华风貌，但价值高超的神庙建筑艺术杰作仍使它魅力不减。这里的人体雕塑世间少见，动人的传说和

克久拉霍神庙

庞大的神庙群、精美的男女交媾雕刻艺术使克久拉霍成为印度著名的游览胜地，被世人称之为印度的"性都"。

1986年，克久拉霍古迹被联合国教科文组织列入世界文化与自然遗产保护地。被保存下来的23座神庙大约分布在6平方公里的范围内，按照方位可分为三部分：西庙群、东庙群和南庙群。其中，最重要的一组是位于考古博物馆

精美的女神雕像

附近的西庙群，保存较完整，因此游人很多。

在众多神庙中，要数名叫恰塔布吉的神庙气势最为宏伟，建造庙宇的黛青色石头，经历了一千多年的风雨，仍然光泽可鉴，在蓝天白云的衬托之下，无比圣洁、庄严。最古老的庙是炯斯特·约格尼庙，坐东北朝西南，长31米，宽18米，供奉着伽利女神。

克久拉霍的神庙内遍布各式各样的男女神像。神庙所有的基座和塔身都装饰着精美的浮雕，造型生动，主题是妇女及性爱。古代艺术家们以他们的创作天才、巧妙的构思和精湛的手法，赋予石头生命，完美地表现了女性的人体美和人类的各种感情，她们的一颦一笑、一动一静，呼之欲出。雕饰把神话题材和世俗题材，尤其是性爱题材融为一体，是最吸引人的特色。印度自古就有欣赏女性人体美的审美传统，公开赞扬性力，有些教派甚至把性爱视为爱神的最高形式，是同神明沟通的一种手段。在艺术作品中大多是描写性爱内容的雕像。

所有这些雕刻人人可以观看，而且可以拍照摄像。所有到此的游客，无论是印度人还是外国人，谁都没有将其内容视为"黄色淫秽"。

14. 果阿——蜜月胜地（地图 P192）

果阿邦位于印度西海岸，是世界上最受欢迎的旅游胜地之一。这里一年四季气候温和、椰林茂盛、阳光充沛，30多处美丽的海滩连绵数十里，被冠以"印度夏威夷"的美称。每年到此度假的游客多达几十万，很多有情人把这里当作新婚蜜月胜地，双双对对在此喜结良缘。

历史上的果阿曾是葡萄牙殖民地，果阿教堂和修道院就是葡萄牙人撤出果阿后留下了的世界文化遗产。这些教堂和修道院充满了15－16世纪欧洲建筑风格的特点，同时也是当地最早带有印度建筑风格的教堂及修道院。它对印度建筑、雕刻和绘画的发展产生了重要的影响，同时也是天主教在亚洲传播基督福音的历史见证。果阿全城共有60座教堂和修道院，其中仁慈耶稣大教堂是亚洲最主要的基督教朝圣地之一和著名旅游点。

美丽的果阿海滩

果阿以美丽的海滩著称，每个海滩都有不同的主题，来自世界各地的游人也为这里注入了新的活力。由于果阿位于以生物多样性著称的西高止山脉，因此动植物资源丰富，果阿的食物深受世界各地旅客的喜爱，特别是那里的鱼、虾等海鲜，更是当地人和旅客津津乐道的美食。

贴士

果阿无疑是到印度旅游的一个好去处，但近年来果阿的社会秩序欠佳，相继发生旅客遭袭击的事件。因此，有必要加强安全防范意识。中国游客到这些地方，要遵守当地法规，保持良好形象。

果阿的手工艺品非常著名，音乐、舞蹈和民间传说也是果阿邦人民生命的一部分。他们的民间传说包含了民歌、舞蹈、音乐和视觉艺术，内容丰富多彩；民歌和舞蹈是由多种乐器伴奏，在各种节庆上都有表演。节庆是果阿人生活的重要组成部分，果阿邦全年有许多不同宗教节庆，当地人民不分宗教信仰都会热烈庆祝，表现了宗教和谐的一面。到果阿去一定要欣赏当地的歌舞和音乐表演，那是旅客了解果阿文化传统的最佳途径。

15. 瓦拉纳西恒河圣地（地图 P163）

恒河是印度第一大河，印度人称它为"圣河"、"母亲河"。它发源于喜马拉雅山南麓，全长2580公里，是南亚最长、流域面积最广的河流。

印度人将恒河看作是女神的化身，虔诚地敬仰恒河。据说，古时候恒河水流湍急、波涛汹涌，经常泛滥成灾，毁灭良田，残害生灵，有个国王为了洗刷先辈的罪孽，请求天上的女神帮助驯服恒河，为人类造福。湿婆神来到喜马拉雅山下，散开头发，让汹涌的河水从自己头上缓缓流过，灌溉两岸的田野，两岸的居民从此安居乐业。后来，印度教便将恒河奉若神明，敬奉湿婆神和洗圣水澡成为印度教徒的两大宗教活动。

恒河岸边的瓦拉纳西是印度教和佛教圣地，这里充分展示了恒河的壮美气势与风采，是印度古老文化与奇风异景的缩影，它吸引着世界上不同肤色的游客和香客到此一游。瓦拉纳西在印度教徒心目中是圣城，一生中至少要去朝拜一次，如能在此"归天"，更是死而瞑目。在瓦拉纳西你遇到任何人，他都会流露出对身居圣地，傍倚圣河的自豪与满足。瓦拉纳西居民说他们有四大乐趣：朝拜庙宇、观赏日出、洗圣水浴、恒河升天。在这个面积不大的小城里，竟建有两千多座风格迥异的庙宇和寺院，多数属印度教，其中最著名的当数湿婆神金庙。不少庙宇里供奉着恒河"女神"盘坐莲花的神像。这些寺庙有的金碧辉煌，有的小巧别致，造型独特；也有的已年久失修，破烂不堪。外来香客为表示虔诚，一般都要花上三五天时间步行到主要庙宇参拜一番。

洗圣水浴是印度教徒一项重要的宗教仪式。在瓦拉纳西，每天早晨印度教徒从四面八方云集于恒河码头，开始一天中以洗"圣水晨浴"为中心的宗教活动。大大小小的庙宇里梵乐高奏、经声缭绕，祭司们手捏念珠，口诵祷词，一派繁忙景象。狭窄的甬道被挤得水泄不通，小贩们的地摊连成一片，竞相出售各种手工艺品；成群的理发师席地而坐，为即将洗"圣水浴"的人们修整发饰。排列成行的乞丐，其中不乏缺胳膊少腿的麻风病人，争先抚摸行人的脚尖，甚至抱着行人的腿不放，苦苦哀求洗过"圣水浴"的善男信女施善行好。

洗圣水浴的男人们都是赤膊上阵，下身穿一条短裤或围条布巾，站在水中，或双手抱头，一头扎入水中，喝上一两口"圣水"后又钻出水面，如此反复多次。沐浴过后，他们面向朝阳，做一瑜伽姿势，或盘坐水边，双手合十，闭目祈祷。女人们有的蹲在岸边漂放花灯，奉祀河神；有的和衣浸入水中，撩起纱丽的一角轻轻擦去身上的污秽。沐浴完毕，她们到岸边木亭里更衣，然后提上一壶恒河"圣水"，缓缓离去。孩子们除模仿大人做些敬神动作外，总不免击水嬉闹。但成千上万的大人中，没有一个高声叫喊或聊天。

在恒河刷牙是晨浴的一个附带项目，奇怪的是，当地人刷牙不用牙刷，不用漱口杯，而是用两手捧水吸到口中，有的用食指与中指并排在口中来回搓，有的用树枝在牙齿上蹭。这种

恒河边上的瓦拉纳西

瓦拉纳西——离神最近的地方　　恒河边上露天火葬场

树枝是苦楝树的枝干，苦中还透着几分甘甜。街上有人挑着担子叫卖。他们刷完牙的水不吐掉，而是喝下去，大概是不愿把点滴圣水浪费！

　　恒河岸边还有印度教徒圣洁的火葬场。印度人认为，凡是死在瓦拉纳西、火化后骨灰撒到恒河中的亡灵，可径升天堂，免受轮回之苦。这也是瓦拉纳西人口密集，特别是恒河岸边人山人海的原因。一些重病缠身、奄奄一息的人，孝子贤孙们干脆就早早把他们送到恒河岸边等死。也有不少尚无致命之疾，甚至身子骨还挺硬朗，囊中不算羞涩的老者，自己就跑到恒河岸边租间小屋或住在旅馆，静待寿终之日来临。当然，为数众多的家境不济的穷苦老人，要圆死在恒河边的梦，只好栖身在小路，破屋和河边台阶旁。

　　河边火葬场，有不少装着不同档次木材（有钱人一般用檀香木焚尸）的船只停靠在岸边，待死者家属选用。船边停放着用五颜六色花布包着的尸体逐个放在柴堆上火化。葬礼仪式开始，一名祭司做完祷告后，点燃柴堆，火葬场的工人往尸体上浇一种带有香料的油脂，烧着后噼噼啪啪地响，怪味四处散发。我们外乡人实在无法忍受，但当地印度人毫不在意，他们一边祝愿这些亡灵在圣洁的恒河之滨"魂归天堂"，一边照吃照喝。

16. 阿旃陀石窟——佛教雕刻和壁画群（地图 P180）

阿旃陀石窟位于马哈拉施特拉邦北部，奥兰加巴德县阿旃陀村附近。它是印度著名的石窟，佛教建筑、雕刻和绘画相结合的典范，被誉为世界和东方的精粹之一。1983年被列入《世界文化遗产名录》。

阿旃陀石窟建于公元前1世纪至公元7世纪，在瓦古尔纳河谷高20米的花岗岩陡壁中凿成，后来因为印度佛教衰落，僧侣离散，逐被山巅崩颓的泥土流沙湮没达千年之久。据说，阿旃陀石窟重见天日实属偶然。1819年，当时英国驻马德拉斯军团的一连士兵在野外演习时无意中发现了这个被杂草掩盖的洞窟，正是如此，这个随着佛教在印度的衰微而沉寂了数十个世纪的文化瑰宝才能呈现在我们的眼前。至今，在最早被发现的洞窟石柱上，还能够看到发现者的名字——John Smith。

阿旃陀石窟共有29座石窟环布在新月形山峰的山腰，山下紧傍巴哥拉河，绿树浓荫，景色幽静秀丽。石窟分为25个支提洞（即佛殿）和4个毗诃罗洞（即僧房）两类。佛殿当中有一座圆形佛塔，内藏舍利；殿壁四周，建造列柱。僧房陈设简单，

石雕神像

阿旃陀石窟

有石床、石枕和佛龛。

石窟内有精美绝伦、震烁世界的艺术杰作，主要由壁画和石雕两部分组成。因建成时间不一，各具特色。壁画用牛粪、砻糠混合黏土并涂上石灰作底，以加工后的矿物、植物粉末作颜料，层次分明、色彩鲜艳。洞窟中残存的壁画生动地向人们讲述着佛祖修道成佛的悠悠历程，形象地描绘了佛祖释迦牟尼的生平故事和当时印度社会生活和宫廷生活等情景，包括山林、田舍、战争、乐舞，以及劳动人民狩猎、畜牧、生产等场面，内容十分丰富，构图复杂而又和谐紧凑，人物体态匀称，表情生动。一座座与山体浑然融合的佛像除了体现出古时工匠们的精湛技艺外，更让人们体味到佛的灵气。壁画中还有当时印度和波斯友好交往场面的描绘，具有很高的历史价值和艺术价值。

石像和廊柱都雕自整块岩石，极为精致。其中第一号石窟为公元7世纪所建，是大乘佛教建筑中最光辉的典范。窟内有一尊约3米高的释迦牟尼雕像，三个角度表现了三种不同的神态，从正面看佛似沉思，从左面看似在微笑，从右面看又似庄严凝视。拱门和6根大柱上雕有飞天和仙女，刻画细腻精巧，形态优美。中间有一大厅，四周壁画上有五百罗汉像，其貌各异，表情丰富。

17. 造型奇特的太阳神庙 (地图 P168)

太阳神庙位于奥里萨邦戈纳勒格小镇，孟加拉湾岸边荒凉的沙漠上，是印度历史悠久的著名大庙。

这座屹立在海岸上的宏伟壮观的建筑，如今大都被毁，只剩下原来的一半。但这些伴有残垣断壁的建筑仍然以她当年的魅力吸引着来自世界各地的游人。此庙主殿内有三尊黑石雕成的太阳神：正面对着庙门的是印度教中的创造神梵天（代表朝阳），在两侧的是保护神毗湿奴（代表正午的太阳）和破坏、再造神湿婆（代表夕阳）。每天清晨从海上升起的朝阳就把第一束和煦的阳光投射在太阳神头上，太阳绕庙转一周，始终照在这三尊太阳神身上。

走进太阳神庙，迎面是青石砌成的舞厅，可惜现在只残留着3米多高的基墙，上面雕刻着舞姿万变、神情各异的人像。主殿造型奇特，酷似一辆巨大的战车，用红褐色石头雕砌而成，长约50米，宽约40米，墙壁厚2米。战车前面有7匹奋蹄长

太阳神庙

嘶的战马。战车共有24个巨轮，每个轮子的直径约2米，车轮上刻有精美的花纹，还有8根粗大的楔形辐条。据介绍，这7匹战马表示一个星期，24个车轮表示一天24小时。战车外表刻满了花纹图案和雕像，有各种神像和传说中的人物像，也有表现打猎、做生意、讲学、打官司、牛拉车、妇女烹调、两队人拔河、士兵回家等民间生活的画面。在雕像中数量最多、最醒目的，还是表现宫廷中豪华奢侈生活的浮雕，有的人物比真人还大，形态生动逼真。车轮下面是主殿的基墙，四壁刻满大象，共计2000头，首尾相连，一头接一头，面朝战车行进的方向。像太阳神庙这种具有奇特构思，以及如此大量集中的，至今保存完好的群体性雕塑建筑，实属罕见。

18. 默哈伯利布勒姆古迹群——奇特的岩石神庙
（地图 P193）

默哈伯利布勒姆是印度古城，又称为"七寺城"，以其精美的岩石神庙而著称。它位于泰米尔纳德邦，濒临孟加拉湾，是著名的旅游胜地。1984年被列入《世界文化遗产名录》。

公元7世纪时，默哈伯利布勒姆曾是帕拉瓦帝国的重要港口和军事基地，曾发现过中国、波斯和罗马的古币。当地的建筑是公元7至8世纪期间，帕那瓦国王们沿着科罗曼德尔海岸开辟岩石而建的。其中特别著名的有战车形式的庙宇，名为"恒河的起源"的巨大露天浮雕和里瓦治寺院。如今留下来一批稀世的石雕杰作，有的雕刻在山洞里的山岩上，有的把海滩上整块的巨大礁石雕凿成狮、象、牛和一座座庙宇的形象，其中有一幅雕的是一头大象

神庙雕像

默哈伯利布勒姆古迹

领着一群小象，大象以慈爱的目光看着小象，小象们淘气地玩弄着自己的鼻子，在大象的腿间蹦跳嬉戏。这幅浮雕确实达到了惟妙惟肖、出神入化的境界，据说是印度的国宝之一。

石雕主题都围绕着印度教的神话，有保护神毗湿奴睡在蛇群中的姿态，有杜尔伽女神骑在狮子上同牛魔王大战，有克里希纳神为帮助牧人们躲避风雨，一手托起了一座大山。还有一组浮雕长24米，高6米，雕刻在两整块紧挨着的山岩上，中间夹着一道垂直的裂缝。浮雕中心部分的画面描述了跋吉罗陀国王在雪山中修行，以求得天上的银河水来净化他列祖灵魂的故事。从浮雕上可以看到国王苦修的形象，那道裂缝则巧妙地被当作银河水从天而泻的模样。银河水两边是一幅幅人神交融、百兽欢乐的浮雕。在海滩上有一座用礁石雕成的寺庙与海水仅咫尺相隔。寺外围着石墙，庙内立着神龛，有许多精美的雕刻，可惜常年受风浪的侵袭，模样已模糊难辨。沿海岸线布满令人眼花缭乱的鹅卵石，形成了奇特的鹅卵石风景线。

19. 摩诃菩提神庙群——佛教圣地（地图 P168）

摩诃菩提神庙群位于恒河支流帕尔古河岸、比哈尔邦中部格雅城南11公里处的菩提伽耶，东距加尔各答约150公里。摩诃菩提神庙群是印度最重要的佛教圣地，相传是释迦牟尼成佛之地。2002年入选世界文化遗产。

城内著名的佛塔寺相传为阿育王所建，寺高约50多米，上层为塔、下层为寺，是一座长方形的石质建筑。寺顶四角各有一小塔，中央为一方形大塔。塔身下广上锐，最上部呈圆锥形尖顶，寺塔四壁雕满大小佛像，大塔内亦有佛殿，内供佛像。在塔寺西面不远处有一菩提树，树下有红砂石，佛教称为金刚座，相传释迦牟尼当年云游到此，在附近的森林里苦修6年，使他形容枯槁、精疲力竭，但还是未悟得解脱之道。于是他放弃苦修，到尼连禅河中沐浴，洗去一身积垢，随后攀树枝上岸，喝了牧羊女奉献的乳粥之后，来到菩提伽耶，在一棵大菩提树下打坐静思，发誓如若不能大彻大悟，终身不起。他就这样苦思冥想了七七四十九天，终于在一个月圆之夜悟得了正道，成为佛陀。因而菩提伽耶是佛教信徒心目中最神圣的

大菩提寺周边镶满了各式各样的佛像

佛祖是在此菩提树下得道成佛的

地方。

中国晋代高僧法显和唐代高僧玄奘都曾到此。摩诃菩提寺外不远处，有20世纪初以来中国、日本、缅甸、斯里兰卡、泰国、不丹、尼泊尔、孟加拉国、越南等国修建的二十多座佛庙。徜徉在这些佛庙群中，佛虽然源于印度，但传播于各国期间都糅进了各国的特色，不仅佛庙建筑格式不同，就是佛像也不尽相同，印度的佛像显得鼻子稍大，面部显长，有威严之气；中国、日本的佛像则是鼻子显小，脸盘圆润，温和了许多；泰国则是四面佛。中国的佛庙是典型的汉式建筑，叫"中华大觉寺"，虽然规模不大，但弥漫着十足的"中国味"，中国人见了倍感亲切。

菩提伽耶还设有佛教博物馆和马加德大学。摩诃菩提神庙是现今印度佛教圣地中保存较完整的遗迹之一。现在每年前往圣地礼佛的各国佛教界人士和旅游者络绎不绝，已成为世界佛教徒向往的圣地和宗教名胜。

大菩提寺

20. 埃勒凡塔石窟（象岛）——"湿婆神之家"
（地图 P187）

　　埃勒凡塔石窟位于孟买以东6公里的阿拉伯海上，面积10～16平方公里（随潮水涨落而异）。印度称其为"加拉普利"（Charapuri），即"有许多洞窟的地方"。葡萄牙人因岛上原有一座石象而称该岛为"象岛"，音译为"埃勒凡塔"。但是这座石象雕刻，现已移往市区维多利亚花园的博物馆，对游客开放。

　　全岛分成两个小丘，中隔山谷。菩提树、芒果树、棕榈树、阿育王树、凤凰树等满山遍谷，景色秀丽。岛上有四座在岩石上凿出的印度教石窟庙宇，当时该岛以"堡垒城"著称。这些石窟坐落在靠东南的小丘上，约开凿在公元6世纪到9世纪期间佛教衰落，印度教兴起的年代，在莫卧儿王朝时期遭到破坏。殖民统治年代，驻在岛上的殖民军把石窟雕刻当作打靶目标，使得许多石刻残缺不全，有些洞窟已完全荒废。但从尚存的遗迹中仍能看出其当年的规模和工程的艰巨，石窟和石雕艺术之精湛给游客留下了深刻的印象。

　　从孟买繁华的闹市来到寂静的象岛，就好像来到了与世隔绝的桃花源。从象岛山坡上的石阶进入湿婆石窟神庙，就好像进入印度教大神湿婆的洞府。埃勒凡塔石窟湿婆神庙被称作"湿婆之家"。洞内有许多大型石刻，刻画了有关湿婆神的种种传说，包括有关湿婆神同帕尔瓦蒂女神的婚礼，以及湿婆神战胜斯里兰卡魔王的故事。

　　在神庙大殿的天然砂石壁面上共凿出9块大型壁龛浮雕，每龛约3.35平方米，刻画湿婆作为宇宙生命活力化身的各个不同侧面，或者各种湿婆教神话，包括《湿婆三面像》《永恒的湿婆》《半女之主》《持恒河者》《舞蹈的湿婆》《瑜伽之主》《湿婆与帕尔瓦蒂的婚礼》《湿婆与帕尔瓦蒂掷骰子赌博》《湿婆杀黑暗之魔》和《罗波那摇撼凯拉萨山》。其中最出名的是一尊高约5.5米的湿婆三面神像：右面像为女性，手拈莲花，

埃勒凡塔石窟（象岛）

三面湿婆像

表情温存，面带笑容；正面像为手托净瓶神情庄严、睿智超脱；左面像为男性，手握毒蛇、双眉微皱、口露獠牙。一般认为湿婆的三面像分别象征宇宙创造、保存、毁灭的永恒变化。也有人认为这是将印度教三大教梵天（创造之神）、毗湿奴（保护之神）、湿婆（破坏之神）合雕于一身。这尊三面神像，在印度几乎与泰姬陵齐名，被公认为印度雕刻乃至世界雕刻的不朽杰作之一。

PART 2

旅游资讯
地图导览

⧗ 最佳旅游季节

印度属于典型的热带季风气候，全年分为三个季节，即暑季、雨季、凉季。暑季为4—6月，高压滞留在印度洋上，加上酷暑高温，不少地方气温达到40℃以上，是最难熬的季节，不适合游客出行；雨季则大约在7—9月，强大的西南季风从印度洋猛烈地吹向印度半岛和内陆，常常会有骤雨，河水泛滥，天气较凉不宜出游；凉季是从10月持续到次年的3月，是印度最佳的旅游季节，到处绿树如荫、繁花盛开、气温宜人。

🔒 签证信息

前往印度需要到印度驻华使馆办理签证，印度驻华领馆所在地有北京、上海、广州及香港。

印度大使馆直接受理外交、公务、因公护照持有者的签证申请，使馆签证处的受理时间（递交申请/领取护照）为：9:30—10:30（周六、日，法定节假日除外）。因私护照持有者需到印度签证申请中心提交签证申请，签证申请中心的工作时间（递交申请/领取护照/电话咨询）为：8:00—15:00（周六、日，法定节假日除外），不接受填写不完整的申请表和申请材料。申请可由本人递交，也可由代理人递交。

1. 签证费用

除正常的签证费用外，每位因私护照申请者须缴纳人民币165元（含税）的服务费用。

2. 签证受理时间及有效期

签证受理时间一般为5—7个工作日，资料来回快递时间预计2—3天，使馆保留面试与要求申请人增补资料的权利。该签证3个月内有效，停留期30天，单次入境。

3. 需要递交的材料

（1）**护照**　必须有6个月及以上的有效期；

（2）**照片**　3.5×4.5cm蓝色背景正面照2张，不接受使用扫描或不清晰的照片；

（3）**个人资料**　1份身份证复印件，必须正反面同时复印；

（4）**申请人公司的信函原件**　以公司名称作为抬头的信签纸、公章、负责人签名，有可供领馆查询的地址、电话，旅行者的职务及年薪，此次旅行的目的、时间、经费并注明按期回国等内容；

（5）**个人旅游计划书1份**　机票预订单、旅游地点、经费预算；

（6）**财产的证明1份**　1万元人民币银行存款，冻结3个月(存款证明原件)。如有其他资产可同时提供申请表1份，申请表要求填写完整并在申请表上签名。

4. 印度签证申请中心

签证在线申请制度已从2011年9月5日起正式实施，所有类别的印度签证都必须在线申请，即：签证申请中心只接收持有完整填写在线申请表及其他申请材料的普通护照申请人的申请，外交、公务、因私护照申请人也必须持有完整填写在线申请表及其他材料到使馆提交申请，否则不予受理。

签证在线申请详情可参见印度签证申请中心网站：www.vfs-india.com.cn

5. 印度驻华大使馆信息

（1）印度驻华大使馆，北京

地址：北京市朝阳区亮马桥北街5号

邮编：100600

电话：010-85312500/2501/2502/2503

网址：www.indianembassy.org.cn

办公时间：周一至周五8:30—17:30，节假日除外

（2）印度驻上海总领事馆

地址：上海国际贸易中心延安西路2201号

邮编：200335

传真：021-62758881

电话：021-62758882/8885/8886

电子邮件：cgisha@public.sta.net.cn

网站：www.indianconsulate.org.cn

办公时间：周一到周五8:30—15:00，国定假日除外

（3）印度驻广州总领事馆

地址：广州市林和中路8号天誉大厦14楼1-4

邮编：510620

电话：020-85501501-05

网站:www.cgiguangzhou.org.cn

办公时间：周一至周五8:00-15:00

（4）印度驻香港总领事馆

领事馆办公处：香港金钟道95号统一中心16楼A室

护照、领事及商务处：香港金钟道95号统一中心16楼D室

电话: 852-39709900

传真: 852-28664124

邮箱: consulate@indianconsulate.org.hk

网站: www.indianconsulate.org.hk

实用信息

1. 货币

印度的货币是卢比，1卢比（Rs）=100派士(Paisa)。

硬币的币值有5、10、20、25、50派士和1、2、5卢比，纸币面额有1、2、5、10、20、50、100、500及1000卢比。

目前，1人民币元=9.6766印度卢比，1美元=59.39印度卢比（此汇率仅供参考，以当日银行牌价为准）

在印度，外币入境数额不受限制，但必须在入关时如实申报，此外禁止带入或带出印度货币。离境前，要把所有的卢比兑换回原来的货币。

印度的各大旅游城市、景点换钱都比较方便，兑换时必须有收据，未花完的印度货币出境前在兑换回外币时必须出示有效的收据。所有外来游客都必须用外币付旅馆费，很多背包客客栈不收信用卡，只收现金。

我国通往印度的航班很多都是在凌晨抵达印度机场，可以先在机场的兑换处兑换当地货币，一般用美元兑换卢比比较合算。

国际信用卡Master Card、VISA、美国运通等卡在印度很多酒店、餐厅、购物商场均可使用。但是在印度，选择使用现金比较方便。

旅游资讯 地图导览

2. 电源

印度的电压基本上为220V/50Hz，不过各地电压时有不稳。插头形状有粗、细两圆孔，有平脚两孔或三孔，自带转换插头会比较方便。

3. 时差

印度位于东5.5区，北京在东8区，印度的时间会比北京晚2.5小时。

4. 通讯

在印度，你可以通过公用电话、电话商店、手机等通讯设备进行通信。印度各大城市都设有公共电话亭，在机场或很多公共场合都比较容易找到，可以用硬币或电话卡拨打市内电话及国际电话。一般公用电话有两种颜色，黄色和蓝色，蓝色可拨打国际电话。

在印度，商店门口有"STD/ISD"标志的为电话商店，它比电话亭更为方便，价格也比较便宜。

（1）从印度打电话回中国　00+86+区域号码（去掉0）+电话号码

（2）从中国打电话回印度　00+91+区域号码（去掉0）+电话号码

5. 小费

印度是个流行小费的国家。通常请人搬运行李、打的士、上厕所、酒店房间整理甚至在景点拍照都要支付一定的小费。小费的数额一般在10～50卢比之间，餐厅服务费一般为10%。

6. 其他实用物件

（1）睡袋、床单　在卫生条件差的旅店，有了它能让你在不干净的环境下，睡得舒服一些。

（2）卫生纸和湿纸巾　印度厕所不提供纸，且印度卫生纸纸质较差，最好自己备带。

（3）药品　根据印度环境特点，除需自备一些常规药品，还需带上些防腹泻、蚊虫叮咬、防中暑的药品。

🚆 交通

印度的航空服务比较好，国际航线可以直飞世界近50个城市，全国有70个城市设有机场。多数外国游客会选择从德里或孟买进入印度。印度的火车和长途车线路也十分发达，去往各个主要旅游城市和景点亦很方便。

德里机场

1. 航空

印度有多家航空公司，其中最主要的两家航空公司是印度航空和捷特航空，前者为国营航空公司，航线遍布全印度，主要飞国际航线；后者为私营航空公司，飞行安全可靠，也是公认的印度最好的航空公司。此外，德干航空是印度航空公司中航点较多、票价也较为低廉的航空公司。

从我国的北京、广州、上海、成都、香港等地出发，国航、东航、南航和印航都有飞往印度的航班。

2. 铁路

印度铁路系统很发达，票价相对便宜。但硬件设施不高，很多线路采用的是人工道岔和机械信号（扬旗），而且火车晚点时有发生。

印度铁路有在线订票系统(官方网站http://www.irctc.co.in)，

旅游资讯 地图导览

印度火车票可在官网预定，只能用印度信用卡、借记卡支付，或美国运通卡支付，对于中国信用卡（除运通卡）只能通过代理网站并需要有官网的账户才能预定。

印度火车大致可分为快车和慢车两种，而车厢分为Second Seat（无空调二等座）、Sleepor Class（无空调硬卧）、Third Ac（空调三等卧铺）、Second Ac（空调二等卧铺）、First Ac（空调一等卧铺）、Ac Chair（空调座位）6种。同等级的车厢快车比慢车贵一点。游客可以根据自己的情况进行选择。

3. 公路

印度的公路路况都比较差，长途汽车大多数情况下是作为火车的辅助交通手段，一般只有去不通火车的地方才考虑乘坐。长途汽车发车通常比较准时，有些城市的班次比较少，可以提前向宾馆了解情况。如果车程较远，事先要准备一些食物。

4. 市内交通

市内交通多以公共汽车、出租车（机动三轮、人力三轮、出租车）为主。公共汽车价格低廉，人多拥挤，没有空调。印度多数大城市都有出租车，但有些城市只有机动三轮车（Auto Rickshaw）或人力三轮车（Cycle Rickshaw），甚至还有马车。大多数出租车设有计价器，往往需要事先同司机协商价格。需要注意的是，三轮车夫常会谎称游客要去的宾馆已满，以便将你拉到其他宾馆或者名字相近的宾馆去拿回扣，游客千万不能被忽悠。

印度公共汽车

1. 独特的饮食文化

印度人做菜喜欢用的调料通常是咖喱、辣椒、黑胡椒、豆蔻、丁香、生姜、大蒜、茴香、肉桂等，其中用得最普遍、最多的是咖喱粉。除了咖喱粉，印度市场上还出售五颜六色的各种调料粉，至今也很少有人能弄明白这些调料究竟含有什么成分。

由于宗教的原因，印度人的饮食习惯也不同。虔诚的印度教徒绝对不吃牛肉，因为他们把牛奉为神灵。穆斯林和高种姓的印度教徒都不吃猪肉，因此印度猪肉比较便宜。相反，由于穆斯林和印度教都吃羊肉，所以羊肉价格比较贵。部分最虔诚的印度教徒和佛教徒是素食主义者，不沾荤腥。耆那教徒更是严格食素，连鸡蛋也不吃，但可以

丰盛的印度美食

喝牛奶、吃乳酪和黄油。印度的素食者大约占人口的一半。

印度的牛奶价格便宜，质量也很好，男女老幼都喝牛奶。

印度从北到南都十分流行吃烤鸡。印度穆斯林居住区也有类似新疆的羊肉串，约合人民币两三毛钱一串。当地人在烤得流油的羊肉上还撒柠檬、西红柿和洋葱的混合味汁，再佐以当地的翠鸟(Kingfisher) 啤酒。

印度人进餐时一般是一只盘子、一碗汤、一杯凉水，把米饭或饼放在盘内，菜和汤浇在上面。多数印度人进食时不用刀叉或勺子，而是用右手把菜卷在饼内，或用手把米饭和菜混在一起，抓起来送进嘴里。"留洋"的知识分子或中产阶级家庭则多使用刀、叉和勺子。

（1）**主食**　印度人的主食主要有米饭和一种叫"恰巴蒂"的薄饼，还有一种油炸的薄饼。印度的蔬菜主要有花菜、圆白菜、西红柿、黄瓜、豆角、土豆、洋葱、冬瓜等，每样菜都烧得"很烂"，且放了不少咖喱粉，长时间的熬煮使维生素尽失。印度人的早餐已经西化，一般是一杯牛奶，几片面包，果酱、黄油，但中午饭和晚饭则是地道的印度风味，而且每餐都有豆子汤。

（2）**特色美食**　印度最驰名的一道菜是"敦杜里鸡"，其名声犹如北京烤鸭。做法是把鸡腿、鸡块蘸满香料，放在炉子里用炭火烧烤而成。出炉时味鲜肉嫩，十分可口。

（3）**甜食**　印度的甜食可谓"名副其实"，甜得发腻。甜食种类很多，有煎的、炸的、烘的、烤的。各种甜点往往是在油炸的各种面食中加入大量的糖、蜂蜜、黄油或奶油，甚至有些甜点完全浸泡在蜂蜜或糖水中，中国人一般难以接受如此高糖和油腻。多数印度人都嗜食甜食，印度人容易发胖，大概与嗜入过多的甜食有关。

（4）**开胃菜**　印度从南到北饭前饭后都时兴大嚼香料，饭前开胃，饭后清口，相当于口香糖。即用新鲜植物叶包裹上槟榔、桂子油、冰糖、小茴香等其他许多香料粉，直接入口咀嚼。游客不妨试试。

2. 各地区饮食特点

（1）北部及中西部地区的饮食

比较接近穆斯林，其主要特征是不求色形独特，但求味道浓郁，典型食品有烤鸡(Tandoori Chicken)、炖羊肉(Mutton Stew)、手抓饭(Biryani)等。还有锡克烤羊肉(Sheek Kebab)，这里"锡克"二字和锡克族是两码事，做法是将羊肉碾成肉末，其中加入各种调味品，然后做成肉串状串在铁钎上，置入火炉中烤制而成。

吃印度炖羊肉有个窍门，就是一定要配上南亚地区特有的薄饼恰巴蒂（Chapati）。这是一种在焖炉中烤制的素面饼，无油盐，外表粗糙，由厨师现场烤制，直接上桌。只有这种粗糙的饼才能有效吸收炖羊肉汤汁中的美味，让羊肉的醇香大放异彩。

（2）南部食品

以素食为主，其中两种特色食品非常受欢迎。一是源于喀拉拉邦的米糕（Appam），有点类似中国的米面发糕，用大米磨的黏稠米浆蒸出来圆圆的糕，配上十几种调料佐餐，非常可口。另外就是南部民众最为喜好，每餐必备的薄米煎饼（Dosa），根据食客不同口味卷入洋葱粒或咖喱土豆泥，最大的煎饼2米有余，亲朋好友依次坐下分段食之，气氛甚是融洽。

（3）德里餐饮

新德里有三家高档的印度餐厅，可谓环境一流、价格便宜、味道和口感一流。一是位于德里市（新德里孔雀国际贸易中心豪华精选酒店 ITC Maurya，New Delhi）一层的Bukhara餐厅，店内完全以印度乡村为背景装饰，它的烤羊肉和饼最受食客欢迎，据说其中一道菜深得访问印度时下榻此饭店的克林顿总统女儿的喜爱，于是从此以她的名字命名这道印度美味；二是位于新德里孔雀国际贸易中心豪华精选酒店（ITC Maurya，New Delhi）地下一层DUM PUKHT餐厅，环境优雅，这里的炖羊肉堪称一流；三是位于阿育王（ASHOKA）酒店地下一层的DURBAR餐厅，因为装饰华丽，所以许多订婚和生日宴会在此举行，该餐厅主营印度北部菜肴，味道十分地道，晚间还有乐队演奏。除此之外，德里有的穆斯林餐厅也是颇好的选择，各种北部美味应有尽有，而且价格公道。

享用南部美味可以到位于Janpath Rd（人民路）上的SARAVANA BHAVAN餐馆。这里经营早、中、晚三餐，完全是地道的南部素食，全部用芭蕉或香蕉叶做容器。因为菜品丰富，味道醇厚，十分受印度民众欢迎，但中国游客多数是肉食者，往往感到在此地不解出行在外的"胃亏肉"之瘾。

（潘正秀）

设施完善的酒店

🏠 住宿

　　印度有各种各样设施完善的住宿地，游客可以根据自己的旅游规划和经济预算选择入住。目前印度很多酒店都提供网上预订服务，游客出发前可以直接把酒店预订好，如果没有预订也不用担心，对于一般的旅客来说，印度还有很多适合的客栈和旅店可选择。

1. 青年旅舍

　　这类酒店是自助旅行者最常选择的住宿地，这些地方收费低廉、设备简单，最吸引人的是这里常常聚集了来自世界各地志同道合的观光客。

大家在一起交流，不仅能获得一定的旅游信息，也能接触到不同的文化。如果选住青年旅舍，携带有国际青年旅舍卡可以享受部分优惠。

2. 家庭旅馆

在印度主要城市及主要观光景点附近都会有这样的旅馆。这是由当地人开设的，设备简单、价格低廉。在家庭旅馆住宿，是可以还价的，长期居住会有折扣，可以和店家商量。家庭旅馆分为有卫浴和无卫浴，有空调或没空调。大部分家庭旅馆不提供盥洗用品及毯子，需要自己携带。在居住前，最好看一下旅馆住宿情况，不喜欢的话可以不住。

3. 普通星级酒店

在印度，有很多普通星级酒店，设备齐全，干净卫生。这样的酒店一般适用于商务客人和团体客人居住。

4. 超五星级酒店

皇宫酒店一般是由印度古代国王或王室成员的旧址而改建成的酒店，具有历史价值及高品质的服务，这样的酒店深受富商们的青睐，酒店的住宿价格比五星级大酒店还要贵。

🛒 购物

印度有许多独具浓厚民族特色的手工艺品和特产，不仅色彩丰富，而且价格低廉。在印度除了国营商店、饭店和书店外，其他商店一律可以还价，所以游客在选购商品时最重要的是要货比三家，然后再砍价。印度商人出名的精打细算，想要以最合理的价钱买到自己喜欢的货品，一定要杀价杀得准而狠！

1. 主要购物地

（1）**新德里** 印度主要的购物天堂，这里有来自全印度各地的特产。位于康诺特广场附近Janpath Rd（人民路）上的中央商业中心（The Central Cottage Industries Emporium）和奥罗宾多路上的德里工艺品中心（Dilli Haat）有来自印度各邦物美价廉的工艺品与特产。

印度特产小店

（2）**斋浦尔**　全印度最有名的购物城，以其珍贵的宝石而闻名。宝石交易场所主要位于旧城东南部街巷里。在旧城约哈里市场街（Johari Bazar Rd）一带还可以购买到斋浦尔的各类纺织品、手工印染、绘制的印花棉布、风情万种的纱丽、克什米尔披肩、金银首饰、骆驼皮鞋、吉祥玩偶、丝绸印布、木雕品、印度精油、神油等。

2. 主要特产

（1）**香料**　在印度日常的食物中，香料被广泛的运用。各种色泽鲜艳、气味辛香的香料在印度各大城市均可购买。

（2）**首饰**　印度盛产黄金、银、钻石、宝石及半宝石等，自古以来，印度妇女喜欢穿戴各类饰品，这些耳环、项链、手镯、臂环、脚链等首饰造型华丽、手工细致，价格并不昂贵，是馈赠女士的佳品。

（3）**大吉岭红茶**　来自喜马拉雅山大吉岭高原的红茶，气味清新优雅，是世界三大高香茶之一，以5—6月所产的二号茶品质最佳，被誉为"红茶香槟"。

（4）**纱丽**　由绸缎或棉布制成，颜色五彩缤纷、图案千变万化、典雅大方，是最能表现印度女性传统美的一种服饰。游客可以购买来留念或是赠送朋友。

（5）**克什米尔地毯、披肩**　克什米尔地毯有毛织和丝织两种，色泽柔和淡雅，图案和颜色具有鲜明的民族特点和浓郁的伊斯兰教地方色彩。以喜玛拉雅山野生山羊毛制成的披肩，质感细腻，深受人们喜爱，是名扬海外的优质产品。

休闲娱乐

印度受殖民历史和特殊文化结构影响，娱乐活动及夜生活可以说比较少。电影、舞蹈剧、音乐、印式按摩是印度人的主要休闲方式。

下棋

1. 最普通的休闲方式——看电影

看电影是印度人最普通的娱乐方式。在印度，电影成了全民休闲娱乐项目，一张电影票的价格只相当于人民币2—3元，普通的印度人都消费得起，非常的实惠。

2. 最常见的艺术形式——音乐和舞蹈

音乐和舞蹈是印度最常见的艺术形式。在印度，宗教是日常生活的主要规范，音乐与舞蹈的产生来源于各种宗教节庆和民间风俗。印度古典音乐形式多样，注重节拍，强烈地反映出其风土民情与生活形态。印度的古典舞蹈主要有婆罗多舞、卡塔利舞、卡塔卡利舞、曼尼普利舞四大流派。

（1）婆罗多舞　起源于南印度泰米尔纳德邦一带，是印度古典舞中最有代表性的一种。其动作刚劲有力，变化多、速度快，要求手、眼、身、法、步严格配合，注重面部表情喜、怒、哀、乐的瞬息变化，是一种技巧性很强、难度很大的舞蹈。

（2）**卡塔利舞**　起源于北方邦首府勒克瑙，是北方邦和拉贾斯坦邦的著名舞蹈，也是印度四大古典舞蹈之一。卡塔利舞随着鼓点和音乐用身体各部分的动作和面部表情，表现各种感情，深受群众喜爱。

（3）**卡塔卡利舞**　起源于南印度喀拉拉邦，集舞蹈、戏剧、哑剧、文学于一身，卡塔卡利舞者舞妆厚度可达15厘米，是世界上各民族舞蹈中最厚的妆。舞者的衣着上身五颜六色，下身一律是白布。通常穿不同服装的人代表不同性格的人，例如绿色代表勇敢、神圣，而白色的胡子代表着虔诚。

（4）**曼尼普利舞**　是印度四大古典舞蹈之一，因起源于曼尼普尔邦而得名。曼尼普尔一向有"舞蹈之乡"的称号，舞蹈是曼尼普尔人生活中的重要组成部分，也是妇女必备的一种美德。

卡塔卡利舞者

3. 最健康的自然疗法——阿育吠陀和瑜伽

（1）阿育吠陀自然疗法

阿育吠陀梵语意为"长生之术"，它既是一种医学，也是一种健康的理疗方式，理疗时主要采用谈话、饮食、冥想、烧艾草、特制植物油按摩等方式，对身体系统进行身心调和，可以有效预防疾病，恢复体能。这种自然疗法据说对感冒、风湿病、失眠甚至抑郁都非常有用，即使是一个简单的按摩，当按摩师将草药精油融入到你身体的每一个毛孔里，你就可以彻底放空自己的大脑，放松肌肉、柔软肌肤。素有"上帝之国"的喀拉拉邦是这种古老疗法的发源地，到喀拉拉邦旅游的游客不妨体验一下。

阿育吠陀自然疗法

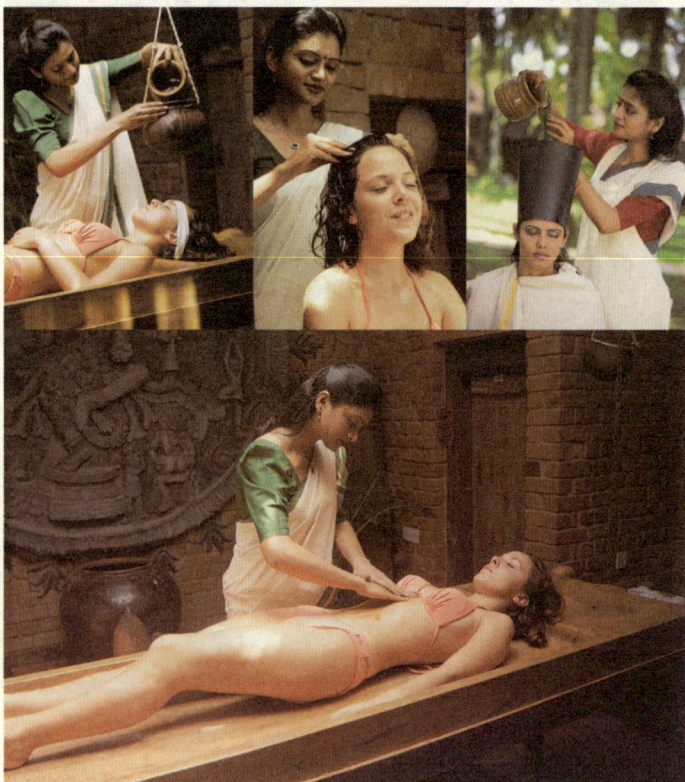

（2）瑜伽

　　起源于印度北部喜马拉雅山麓一带，是印度古代流传下来的一种治疗身体和心灵的修行方法。主要通过改变身体姿势和体位、调节呼吸、集中精神三种基本的方式，帮助人们练习正确的呼吸，解除身体疲劳，从而达到心灵平和的状态。这种身体、心灵与精神和谐统一的运动方式，对放松心情、舒缓压力、缓解关节疼痛、平衡腺体分泌等有很好的帮助。目前印度旅游开设了这样的瑜伽主题游，它深受国内外游客的喜爱，观光之余还能让身心得到很好的放松，这何尝不是种独特的心灵之旅呢。

瑜伽

不该错过的旅游体验

1. 享受一次国王般的火车之旅

皇宫火车是印度最豪华的火车，车厢风格独具皇家格调，设施不仅精致完善，室内设计也赏心悦目，充满了传统的拉贾斯坦艺术，被称为车轮上的宫殿、世界十大最豪华火车之一。皇宫火车每周三晚间从新德里出发，途经新德里、斋浦尔和阿格拉三座城市，行程贯穿拉贾斯坦邦所有著名的旅游点。选乘一次这样的皇宫火车开始印度之旅是独具特色的旅游体验，在车上不仅能感受到国王般的待遇，整个旅途也舒适而轻松。

2. 坐黄嘟嘟车"招摇过市"

黄嘟嘟车就是载客三轮车，有电动和油动的两种。它是印度最普遍的交通工具，几乎在印度的每个城市都有。乘坐这种的车穿市而过，既能把热闹的街景一览无遗，也更能贴近印度市井生活，是种有速度、有景色、有故事的独特体验。

3. 品一品蜚声世界的印度红茶

印度是世界上最大的茶叶生产国之一，这里有被称为"红茶香槟"的大吉岭茶，素有"烈茶"之称的阿萨姆红茶，每种茶口感都不一样。品一品印度的特色红茶，能感受印度生活的另一面。

4. 感受疯狂的洒红节

洒红节是印度最重要的节日之一，通常在每年2—3月举行，即从满月过后的第一天开始计算。它是印度人欢庆春季开始的节日，所以

洒红节狂欢的人们

黄嘟嘟车

又称为印度的新年。在洒红节当天，从清晨到中午时分，印度人不分男女老幼，走出家门，见面就相互泼红洒绿，互画花脸，身上涂抹上各种颜色的颜料，以示幸福和吉祥。大家兴奋地手舞足蹈，气氛欢快而热闹。

5. 记录色彩斑斓的印度视界

印度人对色彩的痴迷，造就了很多美好的事物，不经意地渲染成就了独具魅力的城市景观，如粉红色的斋浦尔、蓝色的焦特布尔、金色的杰伊瑟梅尔和白色的乌布代尔等。如果喜欢拍摄，拉贾斯坦邦这个色彩斑斓的地方绝对是一个摄影爱好者的天堂。温和、善良的印度人喜欢拍摄，只要你把镜头对准他们，通常都会对你报以微笑，还可以按你的要求摆出各种姿势。

6. 闲走于宝莱坞电影场景中

宝莱坞大本营孟买，是印度商业和娱乐业之都。置身于此，随处可见欧式古典建筑、现代的高楼大厦及华丽壮观的印度房屋，从身边走过的时尚俊男美女，让人如置身在宝莱坞大片场景中的感觉。到这里还可以参观扬威奥斯卡的电影《贫民富翁》的取景地——贫民窟。

7. 来一场黄金级别的宝莱坞电影

在盛产电影的印度看一场地道的宝莱坞电影，一定能给你的印度之行增添不少的色彩。印度电影院分普通级别和黄金级别（Gold Class），斋浦尔有座全印度最出名的豪华电影院。电影院的黄金级别值得体验，里面就像一个安静的酒吧，有自由阅读的图书和杂志，服务员还会送果汁，整个看电影的过程就是一件很享受的事。

金色的杰伊瑟梅尔

蓝色的焦特布尔

白色的乌布代尔

8. 观看震撼的恒河圣水浴

印度人对恒河有着极为深厚的感情，古城瓦拉纳西是充分反映印度文明的著名圣地，到此进行恒河圣水浴是瓦拉纳西最为壮观的城市景观之一。每天清晨，成千上万的印度教徒，或男或女，或老或少，既有本地人，也有外乡人，来到恒河边，怀着虔诚的心情，走近恒河，痛痛快快洗个澡，以求用圣水冲刷掉自己身上的污浊或罪孽，达到人生超脱凡尘、死后到天国永生的愿望，场面非常壮观。

西方游客晨游恒河

瓦拉纳西祭神仪式

9. 探访拉贾斯坦的沙漠之旅

拉贾斯坦邦不仅有豪华的宫殿、城堡，同时还是一个绝妙的沙漠地带。地处拉贾斯坦邦的塔尔沙漠覆盖了焦特布尔、杰伊瑟尔梅尔和比卡内尔。骑行骆驼探访拉贾斯坦邦沙漠地带是最好的旅行方式。骆驼骑行旅游建议跟团，沙丘地带有夜营地提供，并为游客提供舞蹈、音乐等娱乐表演。沙漠旅行最佳时间是10月到次年2月。每年1—2月拉贾斯坦邦政府都会在杰伊瑟尔梅尔主持一个沙漠节，这个节日有骆驼赛跑、民间舞蹈等，十分有趣。

10. 喀拉拉邦船屋之旅

喀拉拉河流纵横交错，是个充满闲适感的水泽之乡。这是南印度最具有南国风情的地方，对旅游者来说是一片充满魅力的土地。到喀拉拉旅游，船屋之旅是重头戏。乘上船屋进行一次迷人的水上航游体验，不仅可以看到两岸目不暇接的热带风光，还可以欣赏临水而居的人家，体验原生态生活。阿勒皮是喀拉拉船屋最集中的地带，游客通常在此体验惬意的船屋之旅。

1. 金三角之旅

德里(Delhi)、阿格拉(Agra)和斋浦尔(Jaipur)是印度之行的必游之处，被称为印度旅游的金三角，这是一条凝聚了印度古典气质、灿烂文化和多样民俗的经典旅游线路，非常适合第一次去印度旅游的游客。

第一站 德里

在德里，你可以看到许多著名的景点，如莫卧儿王朝的红堡建筑群、印度最大的贾玛清真寺、总统府、巴哈教寺院（莲花庙）、胡马雍陵等。

胡马雍陵

第二站 阿格拉

阿格拉有世界七大奇迹之一的泰姬陵、庄严壮观的阿格拉堡，到此旅游还可以顺便探访一下"胜利之城"法塔赫布西格里，如果时间充裕的话，不妨到世界最大的鸟类保护区之一的盖奥拉德奥国家公园去感受一下自然的魅力。

阿格拉堡

第三站 斋浦尔

在斋浦尔可以到旧城去感受"粉色之城"的魅力，去风宫、城市宫殿走走，也可以骑着大象去琥珀堡，还可以带回一些比较有意义的纪念品。

城市宫殿

137

2. 文化遗产游

印度是底蕴丰厚的古文明国度，以其独特的文化让人向往。从中心城市新德里出发，北印度到南印度，这条经典的文化遗产旅游路线，所到之处都是一场场精彩的文化盛宴。

第一站　新德里（胡马雍陵 顾特卜塔 红堡建筑群）

胡马雍陵看点：胡马雍的陵寝，布局庄严而大气。

顾特卜塔看点：印度穆斯林的艺术精品，印度斯坦七大奇迹之一。

红堡建筑群：由赭红砂石建成的壮丽宫殿群。

第二站　北方邦阿格拉（泰姬陵 阿格拉堡）

泰姬陵看点：一座伟大的爱情纪念碑，一代君王把他的深情刻在了丰碑上，爱情的力量震撼了所有的来客。

阿格拉堡看点：布局精巧，是远观泰姬陵的绝佳场所。

第三站　中央邦（克久拉霍古迹、桑吉佛教古迹）

克久拉霍古迹看点：建筑与雕塑的完美结合，有大量内容丰富、绚丽多姿的奇妙雕塑，是印度艺术中的经典之作。

桑吉佛教古迹看点：现存最古老的佛教圣地。

第四站　马哈拉施特拉邦（阿旃陀石窟 埃洛拉石窟群 埃勒凡塔石窟）

阿旃陀石窟看点：拥有大量的佛教雕塑和壁画，是传播佛教艺术的典范。

埃洛拉石窟群看点：陡峭玄武岩壁上的巨大寺庙，建筑史上的奇迹。

埃勒凡塔石窟看点：海岛上的古代石窟，三面湿婆神高达5.5米，被著称为"湿婆神之家"。

第五站　卡纳塔克邦（亨比古迹）

亨比古迹看点：印度教寺院遗址，也是电影《神话》的取景地。

第六站　泰米尔纳德邦（默哈伯利布勒姆古迹群 朱罗神庙）

默哈伯利布勒姆古迹群看点：矗立在海边的石雕神庙，以精美的石雕艺术著称。

朱罗神庙看点：神庙主殿高达60多米，纪念辉煌朱罗王朝的博物馆。

3. 佛教圣地之旅

印度是佛教圣地，2007年印度铁路服务旅游公司开通了"印度佛教圣地游"，从首都新德里出发，沿途逐站介绍佛陀释迦牟尼的出生、出家、悟道、讲经、涅槃完整的一生，使游客对佛教的历史有了亲身体验和感悟。该趟列车每月发车两班，具体时间可在"印度铁路服务旅游公司"的网站找到。火车经停的5个站为：菩提伽耶、瓦拉纳西、戈勒克布尔、贡达和阿格拉。每站均有空调巴士接送到景点，历时8天，有4个晚上在火车中度过，3个晚上入住连锁酒店"莲花一日光旅店"。整列火车满员300名，这趟专列有餐饮服务，车票包含景点的旅店食宿费用、空调巴士、参观门票和导游服务费。

释迦牟尼诞生

释迦牟尼佛得道

旅游资讯 地图导览

北部地区旅游热点

新德里

红堡建筑群（世界遗产）、胡马雍陵（世界遗产）、总统府、印度门、贾玛清真寺

拉贾斯坦邦

粉红之城斋浦尔、世界最大的鸟类保护区盖奥拉德奥国家公园（世界遗产）、印度教和伊斯兰教朝圣地阿杰梅尔、蓝色之城焦特布尔、白色之城乌代布尔、大漠金城杰伊瑟尔梅尔

北方邦

首府勒克瑙、圣地阿约提亚、泰姬陵(世界遗产)、阿格拉、恒河圣地瓦拉纳西（贝拿勒斯）

昌迪加尔市区

北阿肯德邦

楠达德维和花谷国家公园(世界遗产)、科尔贝特国家公园寻虎之旅、瑜伽静修圣地里希盖什、"恒河之门"赫尔德瓦尔

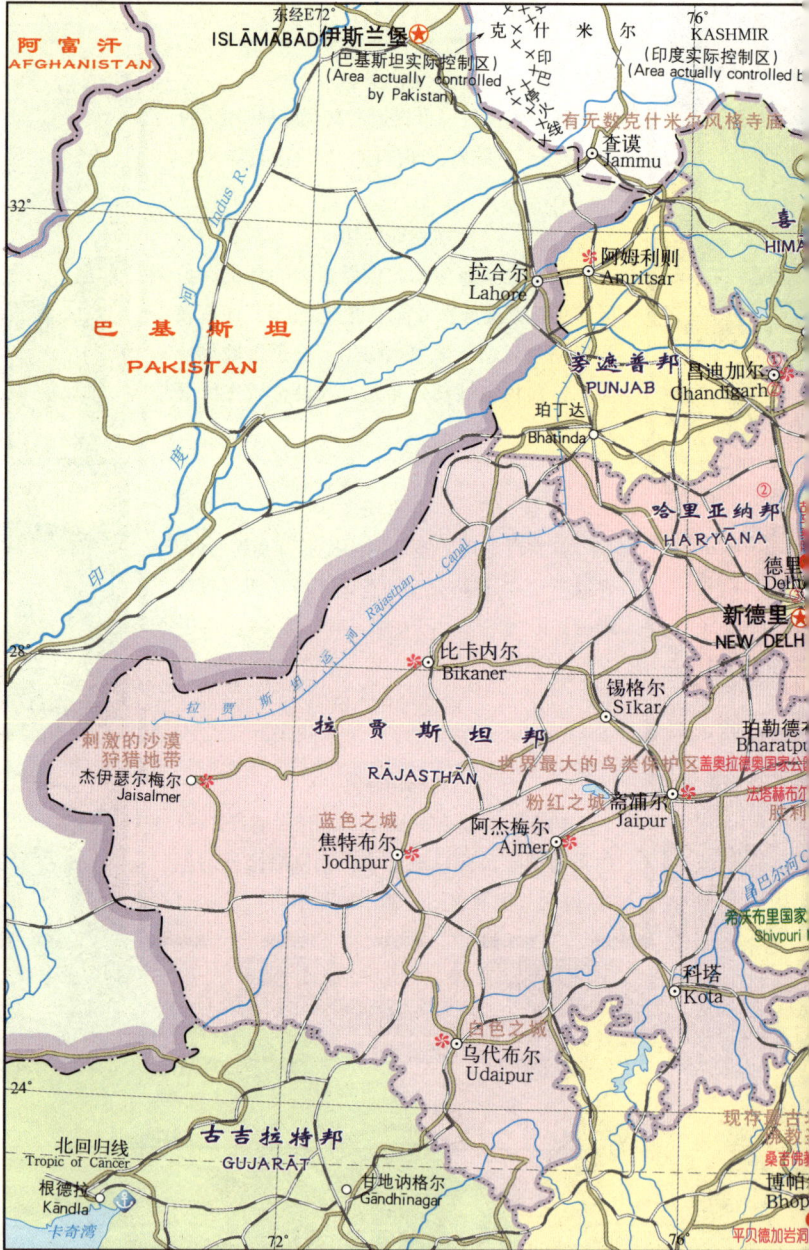

阿富汗
AFGHANISTAN

ISLĀMĀBĀD伊斯兰堡 ★
东经E72°
（巴基斯坦实际控制区）
(Area actually controlled
by Pakistan)

克 什 米 尔 KASHMIR
（印度实际控制区）
(Area actually controlled b

32°

有无数克什米尔风格寺庙

查谟
Jammu

HIMA

巴 基 斯 坦
PAKISTAN

Indus R.

印

河

拉合尔
Lahore

阿姆利则
Amritsar

旁遮普邦
PUNJAB

昌迪加尔
Chandigarh

珀丁达
Bhatinda

哈里亚纳邦
HARYANA

②

德里
Delhi

28°

Rājasthan Canal

拉贾斯坦运河

比卡内尔
Bikaner

锡格尔
Sīkar

新德里
NEW DELH

珀勒德

刺激的沙漠
狩猎地带
杰伊瑟尔梅尔
Jaisalmer

拉 贾 斯 坦 邦
RĀJASTHĀN

世界最大的鸟类保护区 盖奥拉德奥国家公

Bharatpu

蓝色之城
焦特布尔
Jodhpur

阿杰梅尔
Ajmer

粉红之城 斋浦尔
Jaipur

法塔赫布尔
肥利

巴尔加尔C

希沃布里国家
Shivpuri

科塔
Kota

24°

白色之城
乌代布尔
Udaipur

现有两只
虎

桑吉完

古 吉 拉 特 邦
GUJARĀT

北回归线
Tropic of Cancer

72°

甘地讷格尔
Gandhinagar

76°

博帕
Bhop

根德拉
Kāndla

卡奇湾

平贝德加岩洞

① 昌迪加尔中央直辖区
  Chandīgarh Union Terr.
② 旁遮普邦、哈里亚纳邦
  行政中心在昌迪加尔
  Capitals of Punjab and
  Haryāna in Chandīgarh
③ 德里国家首都区
  Delhi, National Capital Terr.
✳ 旅游城市

嗄尔
Gar

改则
Gêrzê

中 华 人 民 共 和 国
PEOPLE'S REPUBLIC OF CHINA

塔若错
Tara Co

措勤
Coqên

扎日南木错
Zhari Namco

ESH

瑜伽圣地
里希盖什
Dun

大和雪豹栖息地
楠达德维和花谷国家公园

帕羊
Paryang

萨嘎
Saga

里德瓦尔 北阿肯德邦
faridwār UTTARAKHAND

以观虎而闻名
科尔贝特国家公园
Corbett N.P.

立达巴德
adabad

尼　泊　尔
NEPAL

巴雷利
Bareilly

**北
方
邦**

UTTAR PRADESH

加德满都
KATHMANDU

格拉
gra

泰姬陵一爱情丰碑

北印度音乐
和舞蹈的宝库

贡达
Gonda

戈勒克布尔
Gorakhpur

廖尔
walior

勒克瑙
Lucknow

比 哈 尔 邦
BIHĀR

坎普尔
Kānpur

印度教圣神中心
瓦拉纳西(贝拿勒斯)
Vārānasi(Benares)

安拉阿巴德
Allahābad

萨尔那特(鹿野苑)

巴特那
Patna

那烂陀
Nalanda

占西
Jhānsi

释迦牟尼第一次说法地

佛祖得道的地方 玄奘曾来
尼河菩提神庙群   此留学

克久拉霍古迹
体艺术雕像群

雷瓦
Rewa

格尔瓦
Garhwa

赫扎里巴克国家公园
Hazaribag N.P.

伯尔希
Barhi

**央
邦**

ADHYA PRADESH

本特沃格尔国家公园
Bandhavgarh N.P.

伯拉毛国家公园
Palamu N.P.

恰 尔 肯 德 邦
JHARKHAND

贾巴尔普尔
Jabalpur

切 蒂 斯 格 尔 邦
CHHATTISGARH

安比加布尔
Ambikāpur

潭河二城兰契
Ranchi

西孟加拉邦
WEST BENGAL

143

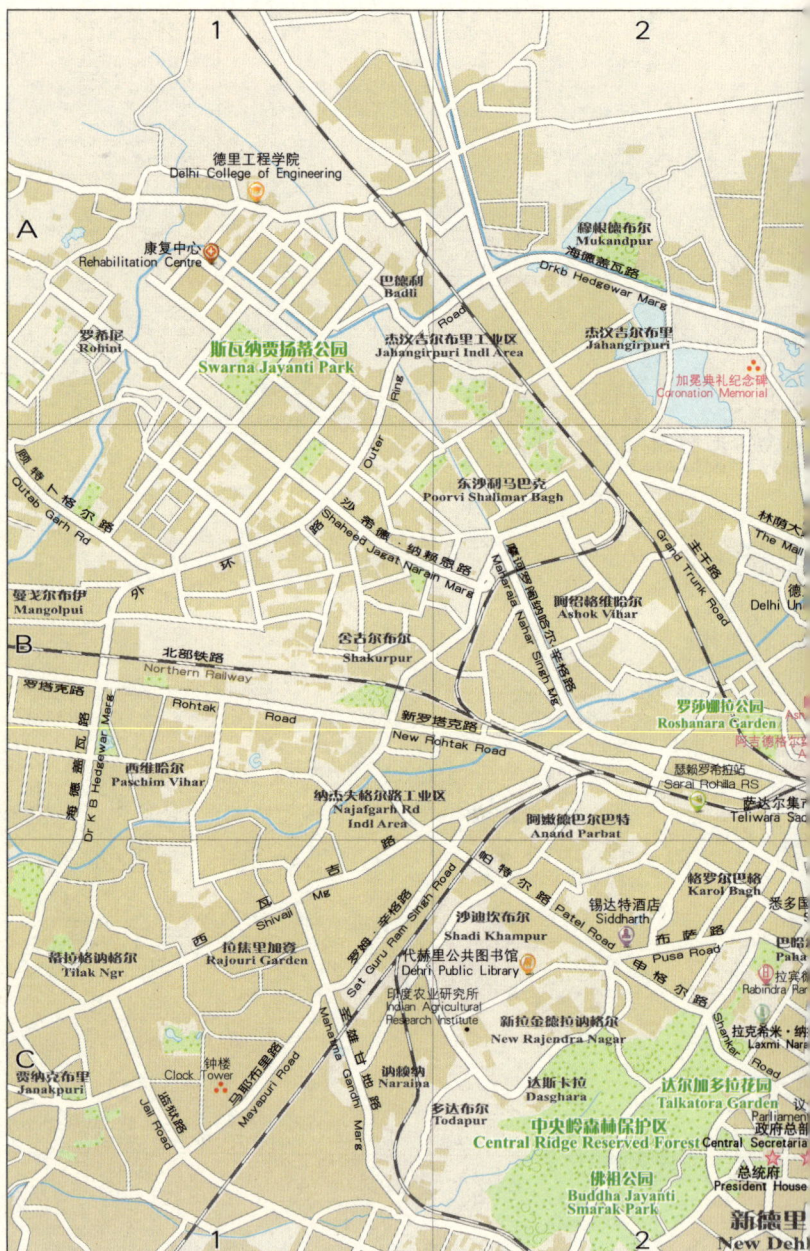

德里工程学院
Delhi College of Engineering

A

康复中心
Rehabilitation Centre

罗希尼
Rohini

巴德利
Badli

穆根德布尔
Mukandpur

海德嘉瓦路
Drkb Hedgewar Marg

斯瓦纳贾扬蒂公园
Swarna Jayanti Park

杰汉吉尔布里工业区
Jahangirpuri Indl Area

杰汉吉尔布尔
Jahangirpuri

加冕典礼纪念碑
Coronation Memorial

库特卜格尔路
Cuteb Garh Rd

东沙利马巴克
Poorvi Shalimar Bagh

沙希德·纳颖泰路
Shaheed Jasat Narain Marg

林荫大
The Mall

曼戈尔布伊
Mangolpui

马哈拉贾·奈尔·辛格路
Mahaja Nehar Singh Ms

阿绍格维哈尔
Ashok Vihar

干干路
Grand Trunk Road

德
Delhi Un

B

北部铁路
Northern Railway

宫吉尔布尔
Shakurpur

罗莎娜拉公园
Roshanara Garden

罗塔克路
Rohtak

新罗塔克路
New Rohtak Road

隆吉德格尔

西维哈尔
Paschim Vihar

纳杰夫格尔路工业区
Najafgarh Rd
Indl Area

阿嫩德巴尔巴特
Anand Parbat

慧鄱罗希拉站
Saral Rohilla RS

萨达尔集
Teliwara Sad

拉焦里加登
Rajouri Garden

沙迪坎布尔
Shadi Khampur

锡达特酒店
Siddharth

格罗尔巴格
Karol Bagh

蒂拉格纳格尔
Tilak Ngr

代赫里公共图书馆
Dehri Public Library

印度农业研究所
Indian Agricultural
Research Institute

新拉金德拉纳格尔
New Rajendra Nagar

布萨路
Pusa Road

拉宾德
Rabindra N

拉克希米·纳
Laxmi N

C

贾纳克布里
Janakpuri

钟楼
Clock
Tower

纳赖纳
Naraina

多达布尔
Todapur

达斯卡拉
Dasghara

达尔加多拉花园
Talkatora Garden

议
Parliamen
政府总
Central Secretaria

中央岭森林保护区
Central Ridge Reserved Forest

佛祖公园
Buddha Jayanti
Smarak Park

总统府
President House

新德里
New Delh

北 方 邦

UTTAR PRADESH

A

帕格德辛宁格区
Bhagat Singh Colony

德里警察训练中心
Delhi Police Training Complex

穆斯塔法巴德
Mustafabad

沃济拉巴德路
Wazirabad Road

门格尔班迪路
Wangal Pandey Marg

旧政府
Old Secretariat

孔达广场
Ghonda Chowk

杜尔加布尔广场
Durgapuri Chowk

达哈尔布尔广场
Tahadpur Chowk

B

迪尔沙德加普动物园
Dilshad Garden Zoo

伊酒店
Maidens

沙赫德拉
Shahdara

皮舍姆比达马路
Bhisham Pitamah Marg

乾什米尔拱门
Kashmiri Gate

德里站
Delhi RS

萨林加尔堡
Salimgarh Fort

亚穆纳体育中心
Yamuna Sports Complex

Hall

甘地纳格尔市场
Gandhi Nagar Market

红堡
Lal Qila Red Fort

里清真寺
Masjid

胜利纪念碑
Vijay Ghat

贾玛清真寺
Jama Masjid

英·甘地纪念碑
Shakti Sthal

阿嫩德维哈尔
Anand Vihar

德里
Dehli

新德里的
New Delhi RS

甘地陵
Raj Ghat

德里门
Delhi Gate

双子大厦
Scope Twin Tower

阿嫩德维哈尔公汽车站
ISBT Anand Vihar

瓦伊沙利
Vaishali

C

戈德拉堡
Kotla Fort

阿育王柱
Ashoka Pillar

因陀罗林罗湿多扩展区
Indraprastha-Extension

简塔曼塔天文台
tar Mantar

最高法院
Supreme Court

萨姆拉特·米希波杰马路
Guru Samrat Mihirbhoj Marg

拉尔巴哈杜尔夏斯特里医院
Lal Bahadur Shastri

中央商业中心
The Central Cottage
Industries Emporium

桑贾伊公园
Sanjay Park

印度门
India Gate

巴德巴尔根杰
Patparganj

印度国家博物馆
National Museum

Nehru Place

奇酒店
es

国家动物园
National Zoological-Park

中国大使馆
Chinese Embassy

至车站路 Station Road

集市区
Sadar Bazar

戈比纳特集市
Gopinath Bazar

圣马丁教堂
St Martin

泰姬宫酒店
Taj Palace

阿育王饭店
Ashoka

尼赫鲁
Jawahar
Memoria

50周年纪念路
Swarna Jayanti Marg

蓉纳吉亚布里
Chanakya Puri

尼赫鲁公园
Nehru Park

A

德里大学南校区
University South Campus

萨夫达姜
Safdar

拉玛克里希讷布勒姆
Ramakrishna Puram

德里工艺品中
Dilli

英迪拉·甘地国际机场
Indira Gandhi
International Airport

国内机场
Domestic

穆拉达巴德山堡
Muradabad Pahari Fort

马莱寺
Malai Mandir

凯悦酒店
Hyatt Regency

萨夫达尔
Safdar

金印设施
All

国际机场
International

阿亚巴神庙
Ayyappa

菲罗兹·沙阿图格洛
Firoz Shah Tuglaq

文加代什瓦拉寺
Venkateshwara

瓦森特洲际酒店
Vasant Continental

印度理工学
Indian Inst o
Technology

半人马酒店
Centaur

丽笙酒店
Radisson

君悦酒店
Grand Hyatt

尼赫鲁大学
Jawaharlal Nehru
University

顾特卜饭店
Qutab

乌帕尔斯兰花酒店
Uppals Orchid

梅赫劳利路
Mehrauli Road

纳尔逊曼德拉路
Nelson Mandela Marg

迦摩尔·阿卜杜尔·纳赛尔路
Gamal Abdel Nasser Marg

高尔夫球
Public Golf C

布什口
Push

格巴斯黑拉
Kapas Hera

顾特卜塔
Qutb Minar

B

拉焦格里森林保护区
Rajokri Protected Forest

帕赫芳利
Mehrauli

大雄坐像
Ahinsa / Sthal

工业区
Indl Area

切德尔布尔寺
Chhatarpur Mandir

申格尔集市广场
Shankar Chowk

基多尔托
Ghitorni

苏丹布尔
Sultanpur

切德尔布尔
Chhatarpur

英迪拉
国立开放
Indira G
National Open Unive

切德尔布尔扩展区
Chhatarpur Extension

加代布尔
Gadaipur

布里斯托尔饭店
Bristol

C

哈里亚纳邦
HARYĀNA

久纳布尔
Junapur

1

2

古冈路 Gurgaon Road

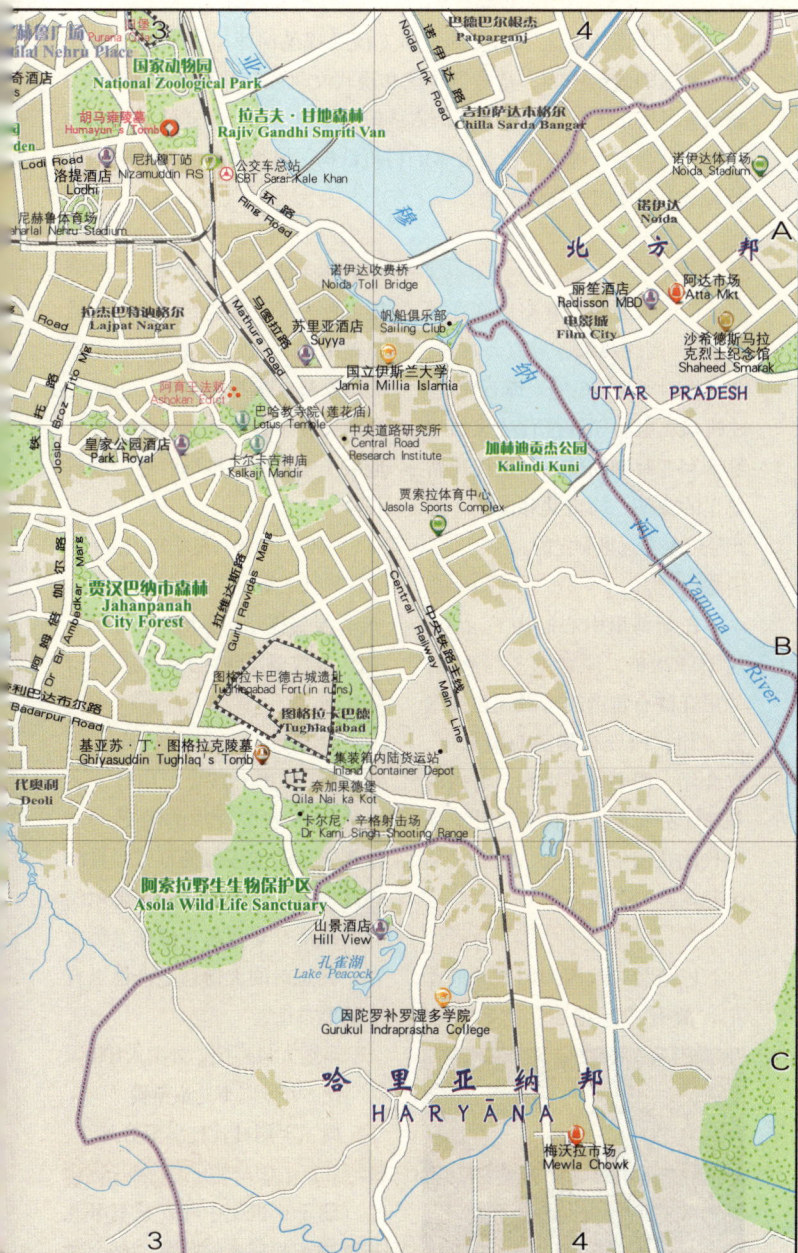

赫鲁广场
lal Nehru Place
奇酒店
s

3

巴德巴尔根杰
Patparganj

诺伊达体育场
Noida_Stadium

4

国家动物园
National Zoological Park

吉拉萨尔达木格尔
Chilla Sarda Bangar

胡马雍陵墓
Humayun's Tomb

拉吉夫·甘地森林
Rajiv Gandhi Smriti Van

诺伊达
Noida

北
方
邦

A

洛提酒店
Lodhi

尼扎穆丁站
Nizamuddin RS

公交车总站
SBT Sarai Kale Khan

丽笙酒店
Radisson MBD

阿达市场
Atta Mkt

Lodi Road

洛德
Lodhi

诺伊达收费桥
Noida Toll Bridge

电影城
Film City

沙希德斯马拉克烈士纪念馆
Shaheed Smarak

尼赫鲁体育场
harlal Nehru Stadium

Ring Road

den

Road

拉杰巴特讷格尔
Lajpat Nagar

苏里亚酒店
Suyya

帆船俱乐部
Sailing Club

UTTAR PRADESH

Mathura Road

马图拉路

国立伊斯兰大学
Jamia Millia Islamia

Road

阿育王法柱
Ashokan Pillar

皇家公园酒店
Park Royal

巴哈教派院(莲花庙)
Lotus Temple

卡尔卡吉神庙
Kalkaji Mandir

中央道路研究所
Central Road
Research Institute

加林迪贡杰公园
Kalindi Kuni

Josti Braz Dho Mg

贾索拉体育中心
Jasola Sports Complex

Yamuna River

B

费汉巴纳市森林
Jahanpanah
City Forest

Guru Ravidas Marg

拉贾尔达斯路

Central Railway Main Line

中央铁路主线

阿姆巴克尔路
Dr Br Ambedkar Marg

图格拉卡德古城遗址
Tughlaqabad Fort(in ruins)

图格拉·卡巴德
Tughlaqabad

利巴达布尔路
Badarpur Road

基亚苏·丁·图格拉克陵墓
Ghiyasuddin Tughlaq's Tomb

集装箱内陆货运站
Inland Container Depot

代奥利
Deoli

奈加果德堡
Qila Nai ka Kot

卡尔尼·辛格射击场
Dr Karni Singh Shooting Range

阿索拉野生生物保护区
Asola Wild Life Sanctuary

山景酒店
Hill View

孔雀湖
Lake Peacock

因陀罗补罗湿多学院
Gurukul Indraprastha College

C

哈 里 亚 納 邦
H A R Y Ā N A

3

4

梅沃拉市场
Mewla Chowk

新德里 （地图 P144–P147）

位于印度北部大平原上的恒河支流亚穆纳河西岸，是印度的首都、全国的政治中心，是古老传统和现代文化相互结合的一座城市。新德里以康诺特广场为中心，街道成辐射状向四面八方延伸，在这里随处可见寺院、神庙，还有众多的科研机构、博物馆及文娱设施，是游人踏上印度的首选旅游地。

议会大厦 P144C2

位于国会街，整座建筑直径173米，高约23米，形似大圆盘。其主体四周为白色的大理石圆柱，建筑风格融合了印度传统风格与维多利亚时期的特点，是现代新德里的象征。印度共和国第一部宪法就是在这里制定的。

总统府 P144C2

在新德里中心的山丘之上，建于1929年，原名维多利亚宫。采用红砂石建造的宫殿式建筑气势宏伟，内设有华丽的觐见厅、宴会厅、图书馆等设施。府内的花园十分有名，因仿莫卧儿王朝时代的花园格调而建，又有"莫卧儿花园"之称。

巴哈教寺院（莲花庙） P147B3

巴哈教寺院因形似盛开的莲花，故有"莲花庙"之称。白色是该庙最主要的色调，全部采用白色大理石建造的庙宇由三层花瓣组成，底座边上有9个连环的清水池，烘托这朵大"莲花"。庙内设置十分简单，只有光滑的地板上安放着一排排白色大理石长椅。

🕐 9:00—19:00（夏季），9:30—17:30（冬季）

温馨提示：里面禁止拍照，进入寺院要脱鞋，关手机。

莲花庙

红堡 P145C3

由莫卧儿王朝第五代君主沙·贾汗修建于17世纪中叶，是一座红色砂岩筑成的城堡，从保存下来的宫殿依稀可见昔日的辉煌气派。红堡的主门拉赫尔门几经战乱，华丽虽失雄伟之势犹在，其正对的大街就是老德里有名的旧市街。

💲 当地人11卢比，外国人100卢比，15岁以下儿童免费

🕐 周二至周日，日出至日落

胡马雍陵 P147A3

建于16世纪中叶，是莫卧儿王朝国王胡马雍的陵墓。整个建

筑庄严宏伟，堪称为印度乃至世界建筑史上的精品。其主体建筑由红色砂岩构筑，陵体呈方形，四面为门，陵顶呈半圆形，整个陵墓最大的特征在于花园的设计。

💲 当地人10卢比，外国人250卢比

🕐 日出至日落

甘地陵 P145C3

位于新德里东郊亚穆纳河畔，是印度国父"圣雄"甘地的陵墓。陵墓没有任何装饰，极其普通、简朴，墓后有昼夜不熄的长明灯，象征印度争取民族独立的精神。每逢节假日，无数身着白色民族装的人们从四面八方赶来，深切地悼念陵园的主人。

💲 免费

🕐 周二至周日，9:30—17:30

中央公园 P145C3

在新德里最繁华的商业中心康诺特广场中间，是人们休闲娱乐的理想场所。公园外的三层圆环组成了一个巨大的圆盘，通过"大圆盘"有8条大道向8个方向散射而去。这里汇集了种类各异的商铺、公司、旅行社等。

🕐 周二至周日，日出至日落

印度国家博物馆 P145C3

是印度最大的综合性历史博物馆，全馆分为史前时代考古学、雕刻艺术及古钱币学、前哥伦比亚艺术、西洋艺术与中亚艺术等10个门类。馆内藏品丰富，

文物主要有印度河文明遗存、民族器物及古钱币等。

💲 当地人10卢比，外国人300卢比(禁止录像)

🕐 周二至周日，10:00—17:00

贾玛清真寺 P145C3

贾玛清真寺

位于德里古城东北角岩石小山的高台上，是全印度最大的清真寺，也是目前世界上最大的清真寺。整座建筑可以说是建筑学中的奇迹，没有使用木料，地面、顶棚和墙壁都使用精磨细雕的白石，以铅水灌缝至今仍坚不可摧。

🕐 8:30—12:30和13:45至日落前30分钟，周五12:00—14:00关闭

顾特卜塔 P145B2

坐落在新德里南郊，是印度著名的伊斯兰式古建筑，也是新德里的标志性建筑，号称"印度七大奇迹"之一。该塔共分为五层，塔身镌刻着《古兰经》和精巧华丽的几何图案，每一层的图案各不相同，据说是不同国王的杰作。

印度门

简塔尔·曼塔尔天文台

💲 当地人10卢比，外国人250卢比，录像25卢比

🕐 周二至周日，日出至日落

印度门 P145C3

坐落在新德里市中心，为纪念在第一次世界大战中阵亡的军人所建，是印度最大的战争纪念碑。其样式仿巴黎的凯旋门，墙壁上刻有阵亡将士的名字，顶端处的圆石盆为一盏大油灯，每到重大节日，盆内盛满灯油，夜间燃起1米多高的火焰。

阿育王柱 P145C3

位于离老堡不远的亚穆纳河畔，高高地矗立在一座古堡之顶。阿育王柱高12.97米，底部直径约1米，顶部直径约0.65米，重27吨。柱表原为镏金，现已脱落。柱头原是四头威猛的狮子，并饰有复杂的雕饰，可惜已与石柱分离。

简塔尔·曼塔尔天文台 P145C3

位于康诺特广场南面，这座天文台共有14组奇形怪状的建筑，多用来测量天体运动和预测日蚀，尽管这里的建筑有点陈旧，但无论对天文学还是普通游客来说，这里都值得参观。

💲 当地人5卢比，外国人100卢比

🕐 9:00至日落

拉克希米·纳拉扬神庙 P144C2

位于康诺特广场西面，由比拉财团出资修建。庙里供奉了财富女神拉克希米·纳拉扬，是德里城内有名的神庙。

🕐 4:00—13:30和14:30—21:00

尼赫鲁纪念馆 P145C3

位于新德里梯莫迪路的大转盘旁。印度独立前曾是驻印英军最高统帅的住宅，后来印度独立后，尼赫鲁作为开国总理，便成为这座住宅的主人。现在成了纪念尼赫鲁生平和独立运动的纪念馆。

💲 免费

🕐 周二至周日，9:30—17:30

拉贾斯坦邦 （地图 P142）

位于印度西北部，首府为斋浦尔。西部是塔尔沙漠，南部是阿拉瓦利岭。这是一片饱含英雄主义和传奇色彩的土地，这里有丰富的历史文化遗产、刺激的狩猎、迷人的沙丘，以及野生动植物丰富的繁茂森林。

斋浦尔及周边（地图 P142）

拉贾斯坦邦首府，有"粉红之城"的美称，与德里和阿格拉被称为印度旅游的"金三角"。市内街道按棋盘式设计，粉红色是这座城市最大的特色，置身于斋浦尔街头，目之处皆为粉红，粉红色的楼房、粉红色的店铺，就连厕所也是粉红色的，置身其中犹如进入粉色的梦幻世界一般充满魅力。

风宫 P152B2

风宫

位于斋浦尔市中心，建于1799年，是斋浦尔最有特色的地标性建筑，也是印度建筑史上的不朽之作。五层如童话般的粉红色宫殿，外形既像山丘又像蜂巢，由几百扇窗户巧妙构成。虽为"宫殿"，其实内部只有一片厚墙的宽度，整座建筑让人印象深刻。

- 5卢比（包括博物馆）
- 周六至周四，9:00—16:30

城市宫殿 P152B2

城市宫殿

城市宫殿位于斋浦尔旧城中心，兴建于1728年，由庭院、花园和各种建筑组成，是印度保存得最好的古迹之一。宫殿建筑风格来自不同时期，部分地方改建成博物馆。博物馆内主要分为军事收藏馆、皇家用品馆等，其中世界上最大的银瓶就收藏在这里。

- 当地人40卢比，外国人200卢比
- 9:30—16:30

旅游资讯 地图导览

1

拉贾斯坦邦警校
Rajasthan Police Academy

象头神庙
Garh Ganesh

皇家墓园
Royal Gaitor

舍斯德里讷格尔
Shastri Nagar

至格尔沃尔
Kalwar

胸科医院
Chest

纳哈尔格尔堡（虎堡）
Nahargarh Fort

阿杰梅尔路
Amer Road

A

舍斯德里讷格尔公共汽车站
Shastrinagar Bus Stand

凯德里之家
Khetri House

焦根体育场
Chaugan Stadium

斋浦尔酒店
Jaipur Inn

比绍宫酒店
Bissau Palace

哥宾德提婆吉神庙
Govind Devji

旧城（粉红之城）
Pink City

城市宫殿
City Palace

简塔尔·曼塔尔
Jantar Mantar

巴尼公园区
Banipark

至斋浦尔
Sawai Jaisingh Highway

孟买酒店
Bombay

哈奴曼猴神庙
Chandpol Hanumanji

伊什沃尔·拉德塔
Iswhar Lat

州议会
Vidhan Sabha

斋浦尔阿育王酒店
Jaipur Ashok

Shiva Marg Nirwan Marg

圣安德鲁教堂
St Andrew's

月亮集市街
Chandpol Bazar

小集市广场
Chhoti Chaupir

风宫
Hawa Mahal

月亮门
Chandpol Gate

中央公共汽车站
Central Bus Stand

蒂杰酒店
Teej

铁路站前路
Railway Station Road

尼勒姆酒店
Nilam

杰布布雅
Jalupura

摩诃提婆神庙（大王）
Tarkeshwar Mahadev

拉姆塞尔
Ramsar

斋浦尔站
Jaipur RS

印度旅游服务中心
India

万圣教堂
All Saints

中央邮局
GPO

英迪拉集市街
India Bazar

尼赫鲁集市街
Nehru Bazar

巴市集市街
Bapu Bazar

贾玛清真寺
Jama Masjid

桑格内里门
Sanganeri Gate

桑伊马
Sanjay

铁路医院
Railway

至南阿杰梅尔
Ajmer

阿杰梅尔路
Ajmer Road

狮子门（辛格尔）
Singhpol Gate

阿杰梅尔门
Ajmeri Gate

新门
New Gate

米尔扎伊斯梅尔路
Mi Road

B

拉贾斯坦旅游局
Rajasthan

园景酒店
Park View

萨达尔帕特尔路
Sardar Patel Road

萨伊俱乐部
Jai Club

女子俱乐部
Ladies Club

国家艺术学院
Rajasthan Lalit Kala Academy

Prithviraj Road

圣沙勿略会堂
St Xavier

摩诃毗罗学校
Mahavir School

摩诃学校
Maharaja College

摩诃阇阁学院
Maharaja College

动物园
Zoo

中央监狱
Central Jail

皇宫酒店
Raj Mahal Palace

尼赫鲁公园
Nehru Park

阿育王纳格尔
Ashok Nagar

Mahavir Marg

中央博物馆（艾伯特会堂）
Central Musem (Albert Hall)

鹿园
Deer Park

雕像广场
Statue Circle

足球俱乐部
Union Football Club

秘书处
Secretariat

比尔拉天文馆
Birla Planetarium

辛格二世医院
Sawai Mansingh

SMS医学院
SMS Medical College

印度博物馆
Museum of Indology

阿达什讷格尔
Adarsh Na

罗摩神庙
Ram

"艺术时代"公司
Art Age

阿育王俱乐部
Ashok Club

康复医院
Getwell Poly Clinic

母子医院
Mother & Child

迪甘巴尔
Digambar

菲塔戈德姆站
Bais Godam RS

Bhawani Singh Road

高级法院
High Court

伦伯克
Rambagh

拉克希米酒店
Lakshmi Vilas

黑天神庙
Krishna

Tilak Marg

马球俱乐部
Rajasthan Polo Club

伦伯宫酒店
Rambagh Palace

纳拉扬尼沃斯酒店
Narayan Niwas

辛格
Bhagat Singh

青年旅社
Youth Hostel

高尔夫球俱乐部
Golf Club

印度储备银行
Reserve Bank of India

象头神庙
Ganeshji

Govind Marg

C

辛格二世体育场
SMS Stadium

伦伯克广场
Rambag Circle

英迪拉广场
Indira Circle

提拉克公园
Tilak Park

拉贾帕克
Rajapark

斋浦尔医院
Jaipur

拉克希米纳拉扬神庙
Lakshmi Narayan

提拉克讷格尔
Tilak Nagar

瑜珈治疗与研究中心
Yogic Treatment & Research Centre

巴布讷格尔
Bapu Nagar

拉贾斯坦大学
Rajasthan University

尚蒂巴特路
Shanti Path

尼赫鲁购物中心
Nehru Complex

甘地路 Gandhi Marg

大学校区
University Campus

甘地广场
Gandhi Circle

(地图标注) 斋格尔堡、水上宫殿 / 哥宾德讷格尔 Govind Nagar / 恒河门 Gangapol Gate / ·辛格门 Singh Gate / 拍春布拉 Badanpura / 至杰姆瓦拉姆格尔 Janwa Ramgarh / A / 太阳门(苏拉杰门) Surajpol Gate / 太府莱市场 Surajpol Bazar / 姆根杰集市广场 Ramganj Chaupar / 公共汽车站 Gate Bus Terminus / B / 阿格拉路 Agra Road / 百老汇酒店 Broadway / 精神病院 Mental / C / 讷格尔 Nagar / 森林保护区 Reserved Forest

简塔尔·曼塔尔天文台 P153B2

是斋浦尔城建造者贾伊·辛格王公的杰作。当年主要是用来观测天象的场所。天文台安装有巨型日晷、黄道日晷、子午线仪和天体经纬仪等。天文仪器规模造型巨大，具有令人惊叹的精确度，2010年被列为世界文化遗产。

⑤ 当地人20卢比，外国人100卢比

🕐 9：30—16：30

纳哈尔格尔堡（虎堡） P152A1

位于斋浦尔旧城西部，由贾伊·辛格王公建于1734年，并于1868年扩建。这里景色极为壮丽，既是俯瞰斋浦尔全城景观的好地方，也是观看日落的好去处。

⑤ 当地人15卢比，外国人20卢比

🕐 10：00—17：00

琥珀堡 P153A2

位于斋浦尔城郊，建于1592年，由多个不同时期的宫殿组成。这座城堡依山而建，处在地势险要的位置，下有护城河，城堡被蜿蜒的高墙环绕。堡内最著名的建筑是建于1675年的玻璃宫殿。

堡内介绍标识很少，建议请个导游或购买音频导游设备，去琥珀堡可以选择骑大象或乘吉普车。

⑤ 当地人20卢比，外国人100卢比

🕐 8月至次年3月为8：00—19：00，
4月至7月为7：00—19：00

琥珀宫花园

斋格尔堡 P152A2

位于琥珀城堡上方山上，这座城堡当地语言中意为"胜利之城"。城堡建有坚固的军事防御设施，内部还保留着当时世界上最长的大炮。由于该城堡的存在，当年印度人民一次次地抵御了外来侵略者的进攻，整个斋浦尔以不可战胜而闻名。

💲 当地人25卢比，外国人75卢比，凭城市宫殿门票可免费

🕐 9：00—17：00

水上宫殿 P152A2

建于16世纪，是当时拉贾斯坦邦君主为了避暑而特地在人工湖中兴建的。虽然现在宫殿已经荒废，但是人工湖还在。从远处看，湖上景观依然华丽，尤其在夕阳西下的时候最为迷人。

水上宫殿

珀勒德布尔及周边（地图 P142）

位于拉贾斯坦邦东北部一个城市，距阿格拉市约30公里，人口204万。以世界文化遗产盖奥拉德奥国家公园而闻名。市区有一些历史遗迹，但是可参观的地方不多。

盖奥拉德奥国家公园 P142

盖奥拉德奥国家公园

位于印度拉贾斯坦邦东部，珀勒德布尔城市以南约3公里，距阿格拉约50公里，占地2873公顷。

曾是印度王公打野鸭的狩猎场。如今它已成为阿富汗、土库曼斯坦、中国和西伯利亚水鸟过冬的主要栖息地之一。公园中有记载的鸟类达364种，其中包括稀有的西伯利亚仙鹤等。1985年12月该公园被列为世界文化遗产。

💲 当地人25卢比，外国人200卢比

🕐 4月至9月 6：00—18：00，10月至次年3月 6：30—17：00

阿杰梅尔（地图 P142）

位于斋浦尔西南130公里处，是拉贾斯坦邦工业、农业、商业和教育中心。它在历史上具有重要的战略地位，是德里和古吉拉特邦商贸的主要途经地。现在这个古老的城市是印度教和伊斯兰教的朝圣地，每年斋月和苏菲派圣人辞世日，成千上万的苏菲派信徒都会来到这里，纪念这位被圣徒们称为"穷人的恩人"的苏菲派圣人契斯堤。除此之外，这里也是耆那教中心，市内有一座金色的耆那教庙宇。

契斯堤之墓

坐落在阿杰梅尔旧城内，是苏菲派圣人契斯堤的陵墓。由于2007年10月发生过一次严重性爆炸，现在对前来朝圣的人安检都十分严格。

🕐 夏季4：00—21：00，冬季5：00—21：00

耆那教庙宇

庙里有一座巨大的黄金模型也被称为"黄金神庙"，描绘了耆那教思想的古老世界，整个大厅全由金银和宝石装饰，值得参观。

💲 5卢比

🕐 8：00—16：30

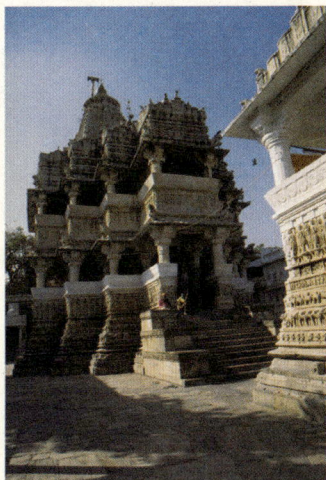

耆那教庙宇

焦特布尔（地图 P142）

位于塔尔沙漠边缘，是拉贾斯坦邦的第二大城市。这座城市最主要的建筑是一座极其宏伟的城堡——梅兰加尔（Meherangarh），它伫立于市区一座陡峭的山巅上，从堡顶眺望，可以清楚地看见旧城区和新城区的交汇，旧城区的蓝色建筑，是拉贾斯坦最壮观的景色之一。另外，在旧城区宛如迷宫一样的街道里漫步也是一件很有意思的事情。

梅兰加尔

梅兰加尔整个城堡屹立在约125米高的山巅上，由坚硬的黄色砂岩筑成，周围环绕着护城墙。古堡内建筑装修豪华，有几座印度教寺庙，其中一座供奉印度教大神梵天的寺庙，朝拜的人最多，也是保存最好的一座。另外古堡有一部分辟为博物馆，里面展示许多印度古代枪炮、武器、旗帜、皇室宝座、壁画等文物。

- 💲 当地人20卢比，外国人250卢比
- 🕐 9：00—17：00

乌代布尔（地图 P142）

乌代布尔位于拉贾斯坦邦南部，整个城池建在漂亮的皮丘拉湖上，有"东方威尼斯"、"湖泊上的宫殿"的美称。城内建筑全都是奶白色的，大理石宫殿、湖畔花园、庙宇和传统住宅，构成一种协调的印度格调，被许多人认为是印度最浪漫的城市。这里有许多让人称叹的艺术遗产，是艺术、手工艺和舞蹈中心。如果2—4月到此旅游可能会赶上具有乌代布尔特色的胡里节和梅瓦尔。

乌布代尔城市宫殿

杰伊瑟尔梅尔（地图 P142）

　　黄金城市杰伊瑟尔梅尔，位于拉贾斯坦邦的塔尔沙漠边缘，这里是吉卜赛和印度游吟歌舞者的故乡，保存了北印度原生态的音乐形式，主要以宗教节庆歌谣、游吟诗人的叙事曲和卡塔利舞蹈著称。城内建筑精雕细琢，大部分均采用金黄色的岩石雕刻而成，每到日落，在夕阳照耀下，整个城市一片金黄，是个让人神往的旅游地。每年1—2月沙漠节，这里会举行丰富的节庆活动。

赛骆驼

赛马

北方邦（地图 P143）

印度人口最多的邦，首府为勒克瑙，历史上曾称为"印度斯坦"，居民主要为印度斯坦人。它是印度两大圣河——恒河及亚穆纳河流经的地区，是印度教、佛教和伊斯兰教的活动中心。

勒克瑙（地图 P142）

位于恒河支流戈默蒂河中游右岸，为北方邦首府。这座城市相传为印度史诗《罗摩衍那》中的英雄罗摩之弟拉克希曼所建，市名勒克瑙由此转音而来。市内到处都是公园、花圃与果树，市容非常繁华。其建筑多为欧洲、印度教和伊斯兰教风格，历史古迹和现代化建筑比肩而立。

大伊玛目伯拉宫 P159A1

建于1748年，是王族陵墓群，也是伊斯兰什叶派教徒聚会的场所。这座宏伟的建筑用石砖和灰泥代替了传统的红砂石料，最让人耳目一新的是大门两侧山墙上众多波斯式的圆顶和莫卧儿式的小亭。其中央大厅是拱顶式长廊大厅，装饰得富丽堂皇。

小伊玛目伯拉宫（陵墓） P159A1

建于1837年，也是王族陵墓群建筑，整座建筑气势恢宏，让人印象深刻。在其白色的主体建筑上有一个金色的圆顶，前面的草地和花圃中间是个长方形的水池，水池两边则是两个相对而立的白色小陵。三座陵墓遥相呼应，与中间的草地、水池、花圃组成了一个偌大的莫卧儿式花园。

邦立博物馆 P159B3

是勒克瑙最理想的闲场所，坐落在动物园内。馆内藏品丰富，珍藏有大量手工艺品和纪念品，马图拉出土的笈多王朝时期的红色砂岩圆雕佛像和贵霜王朝到近代的各式钱币，是这座博物馆最出色的收藏。

哈奴曼猴神庙 P159B2

哈奴曼猴是《罗摩衍那》主人公之一，英雄罗摩的大徒弟。它是一只神猴，神通广大、本领高强、善恶分明、扶正祛邪，曾率领猴子大军渡海攻城，奋力拼杀解救出了罗摩妻子悉多，使他们夫妻团圆。在印度全国各地都建有哈努曼猴神庙，人们常年不断地前往朝拜，点灯进贡，崇敬有加。

勒克瑙
Lucknow

侯赛纳巴杰
Husainabad

道拉特根杰
Daulatganj

贾木清真寺
Jama Masjid

纳沃兹根杰
Nawazganj

美术馆
Picture Gallery

钟楼 •
Clock Tower (土耳其门)
Rumi Darwaza

小伊玛目伯
拉宫(陵墓)
Chata Imambara

大伊玛目伯
拉宫(陵墓)
Bara Imambara

焦克
Chowk

甘地纪念碑
Gandhi Memorial

阿克巴门
Akbari
Gate

达利根杰车站
Dalganj RS

哈丁桥
Hardinge Bridge

铁桥
Iron Bridge

钱德拉洛格
Chandralok

至穆罕默达布尔
Mohandabur

尼拉拉纳格尔
Nirala Nagar

达利根杰
Daliganj

哈桑根杰
Hasanganj

库尔西
Kursi

苏尔丹普尔路

警察医院
Police

铁路医院
Railway

纳伦德拉·德沃路
Acharya Narendradev Marg

纸坊区
Paper Mill Colony

至法扎巴德
Faizabad

法扎巴德路
Faizabad Road

戈默蒂
纳格尔
Gomati
Nagar

沃济尔伯克
Wazirbagh

学院
College

安纳布尔纳寺庙
Annapurna

纳登马哈特路
Nadan Mahat Road

纳登警院
Nadan Mahal

戏市车站
City RS

达费林总督
夫人医院
Lady Duffrien

高等法院
High Court

宫殿
Palace

基督教女青年会
YWCA

英国人要塞遗址
Residency

甘地博物馆
Gandhi Museum

杰德尔曼济尔宫
Chattar Manzil

戈默蒂河
Gomati

水上运动俱乐部
Water Sports Club

克拉克饭店
Clark's

纳博物园
National Botanical Garden

卡尔顿饭店
Carlton

全印电视台
Doordarshan Kendra

巴特尔区
Butler Colony

哈奴曼猴庙
Hanuman Mandir

中央体育场
Central Sports
Stadium

北方邦旅游中心
Govt Bungalow UP

动物园
Zoo

邦立博物馆
State Museum

摩珠湖
Moti Jheel

艾什伯克
Aishbagh

拉吉恩德罗
纳格尔
Rajendra
Nagar

阿明阿巴德
Aminabad

纳加罗多位
Naka Hindola

航空公司
Air Lines

议会大厦
Vidhan
Sabha

议会大厦路
Vidhan Sabha Marg

王宫(政府宫)
Raj Bhawan

高尔夫球场
Golf Course

拉马蒂尼学院
La Martiniere
College

洛雷托女子学院
Loretto
Convent
College

塔塔勒拉多路
Talkatora Road

米利路
Mili Road

达塔卡多拉
Talkatora

艾什伯克路
Aishbagh Road

艾什伯克车站
Aishbagh RS

旅游局
Regional Tourist Office

公共汽车站
Bus Stand

儿童博物馆
Children Museum

根布尔路
Kanpur Road

军营路
Cantonment Rd

乔治五世学院
KG Medical
College

阿勒伯格路
Alambagh Marg

伯德尔纳格尔
Patel Nagar

苏坚布勒
Sujanpura

阿伦伯克
Alambagh

辛格纳格尔
Singarnagar

钱德拉纳格尔
Chandranagar

穆斯林纳格尔
Muslim Nagar

机场
Airport

萨尔达运河
Sarda Canal

环路
Ring Road

勒克瑙
Lucknow Junction

铁路医院
Railway

西伊克舒普里
Ikshupuri
Paschim

吉尔路
Jail Marg

球场路
Raibareli

球场路

苏丹普尔路
Sultanpur Road

迪尔古沙(心悦)园
Dilkusha Garden

万圣教堂
All Saints

圣保罗教堂
St Paul's

尼尔
Neil Lines

希亚
Shialines

赛马场
Racecourse

伯德鲁格
Bhadruk

欣德纳格尔区
Hind Nagar
Colony

比诺尔
Binor

莱巴雷利
Raibareli

霍德森
Hodson Lines

159

阿约提亚

位于勒克瑙以东120公里的法扎巴德附近，人口只有3万，但却是印度七大圣地之一，也称"奥德"或"阿瓦德"。玄奘曾来过这里，称之为"阿逾陀"。相传英雄罗摩就出生在这里。

阿格拉及周边（地图 P143）

位于北方邦亚穆纳河南岸，16—18世纪曾为印度的首都，是印度最著名的旅游城市之一，也是每个到印度旅游的人必经之地。这个城市不大，却有很多精致罕见的历史建筑物，蜚声世界的泰姬陵就在这里，随处可见的繁花翠树、弥漫于空气中的芬芳，让阿格拉这座小城兼具了浪漫和忧伤的气质。

泰姬陵 P161B3

位于亚穆纳河右侧、阿格拉市区的东面，全称为"泰姬·玛哈陵"，是世界七大奇迹之一，被誉为"完美的建筑"。它的构成部分有殿堂、钟楼、尖塔、水池等，建筑材料采用纯白色大理石，配以玻璃、玛瑙镶嵌，艺术价值极高。最让人称叹的是它在一天中随时间和自然光线的不同而显出不同的特色。

💲 当地人20卢比，外国人750卢比，15岁以下儿童免费

🕐 6：00—19：00

阿格拉堡 P161B3

位于亚穆纳河畔的小山丘上，是一组占地面积很大的建筑群，外观雄伟，与首都德里的红堡齐名。阿格拉堡采用红砂岩建造而成，堡内环境幽静、宫殿众多，虽历尽沧桑，但其精美的雕刻与设计至今仍清晰可见，昔日富丽堂皇的风貌保存完好。

💲 当地人20卢比，外国人300卢比

🕐 日出至日落

泰姬陵

阿格拉堡

处于阿格拉城堡中央，是沙·贾汗时代建筑的代表作之一，有"世界上最美观的私人寺院"之称。这座清真寺的厅堂与地面均采用白色大理石建造，中间是一座大理石铺筑的长方形庭院，西侧为祈祷厅。整座清真寺设计精妙、比例匀称，非常引人注目。

阿格拉
Agra

马乌森林保护区
Mau Reserved Forest

至德里
Delhi

2号国道支线
Nh2 Bypass

民事法院
Civil Court

阿旗院影院
Ajanta

拉格雷吉焦吉
Lagre Ki Chauki

2号国道支线
Nh2 Bypass Kanpur

至坎普尔

辛格学院
Raja Balwant Singh College

尼赫鲁讷格尔
Nehru Nagar

甘地讷格尔
Gandhi Nagar

至马图拉Mathura

精神病院
Mental

阿格拉大学
Agra University

吉尼加劳扎墓
Chini Ka Rauza

阿育王酒店
Ashoka

曼迪赛义德
Mandi Said

伊蒂默德乌德道拉墓
（小泰姬陵）
Itimad-ud-daula

拉贾吉门迪站
Raja Ki Mandi RS

阿格拉城站
Agra City RS

车站
RS

至珀勒德布尔
珀勒德布尔路
Bharatpur Road

奈都夫人医院
Sarojini Naidu

摩河拉克希米院
Mahalakshmi

铁路桥
Railway over Road

纳格拉加奇布尔
Nagla Kachhpura

阿勒姆根杰
Alam Ganj

阿格拉医学院
Agra Medical College

摩诃罗阇酒店
Maharaja

戈格尔布勒
Gokalpura

阿格拉学院
Agra College

贾玛清真寺
Jama Masjid

阿格拉堡站
Agra Fort RS

萨孟德
Saket

印度俱乐部
India Club

爱多拉
Mantola

珍珠清真寺
Moti

拉姆讷格尔
Ramnagar

至法塔赫布尔西克里
Fatehpur Sikri, Seyyad ali Nabi Road

沙赫根杰
Shah Ganj

奇比多拉
Chhipitola

阿格拉堡
Agra Fort

泰姬陵
Taj Mahal

英迪拉区
Indira Colony

移民局外管处
Foreigner's Registration Office

拉赫布根杰
Rakabganj

拉姆利拉广场
Ramlila's Maidan

尼赫鲁公园
Motilal Nehru Park

沙贾汗公园
Shahjahan Park

西部铁路
Western Railway

伊德加站
Idgah

北部铁路
Northern Railway

帝国酒店
Imperial

阿格拉酒店
Agra

伊德加区
Idgah Colony

格德卢布勒
Katlupura

区医院
District

浸礼会教堂
Baptist

阿格拉阿育王酒店
Agra Ashok

印度考古局
Archaeological Survey of India

高尔夫球场
Golf Course

焦特拜墓
Jodh Bai ka Rouza

樱花酒店
Sakura

克里亚路
Kheria Road

阿克巴酒店
Akbar Inn

莫卧儿
Mughal Sheraton

喜来登酒店

至机场阿杰梅尔路
Airport Ajmer Road

阿杰梅尔

劳里斯酒店
Lauries

体育场
Stadium

印度旅馆
India

泰姬美景酒店
Taj View

中央学校
Central School

车站路
Station Road

苏丹布勒
Sultanpura

萨达尔帕德尔公园
Sardar Patel Park

印度航空
Indian Airlines

假日酒店
Holiday Inn

阿格拉兵营站
Agra Cant RS

车站路
Station Road

格兰德大酒店
Grand

北方邦道路运输公司
UP State Road Transport Corporation

北方邦旅游服务中心
UP

苏丹布勒
Sultanpura

兵营综合医院
Cant General

阿马尔酒店
Amar

至沙河巴德巴扎尔
Shamsabad

讷格拉鲁里辛格
Nagla Bhurisingh

本杜格德拉
Bundu Katra

位于亚穆纳河对岸，是贾汗吉尔的妃子为其父母建造的墓地，在莫卧儿王朝建筑史上有承先启后的地位。墓地被芳草围绕，白色大理石和周围环境相映成趣，建筑中的许多设计元素都为泰姬陵做了铺垫，它又有"小泰姬陵"的昵称。

法塔赫布尔西格里 P142

位于阿格拉西边40公里处，意为"胜利之城"，是印度的世界文化遗产之一。该遗址由众多颇具特色的寺庙和一座气势宏大、装饰豪华的皇宫组成，主要体现了莫卧儿文明的辉煌成就。

瓦拉纳西（贝拿勒斯）（地图 P143）

古称"加西"，位于北方邦东南部，瓦拉纳河和阿西河之间，现名取自这两条河的合称。是印度恒河沿岸最大的历史名城，有"印度之光"的美誉。瓦拉纳西虽饱经沧桑，但至今仍保有其浓厚的传统。这里古今建筑交错、传统与现代文化相融合，古朴而神圣的气息吸引了无数人慕名而来。

伽特沐浴场 P163

在瓦拉纳西恒河湾两侧修建了很多供印度教徒沐浴礼拜之用的石阶码头，这种大小不一的码头又称"伽特"，修筑"伽特"被视为积德行善。每天都有上万人到恒河来沐浴，用恒河水洗涤自己的罪孽，以清晨和傍晚人最多。

伽尸金庙 P163B2

位于瓦拉纳西的城市中心，建于1777年，金庙由左右两条廊道和一个尖顶庙宇组成，中间为神庙，神庙上雕刻复杂精美的花纹，因该寺塔尖由750公斤的黄金装饰，故又称为黄金寺。

难近母（杜尔迦）神庙 P163D1

位于市区南郊，因庙内饲养了很多猴子又有灵猴庙之称。此庙供奉的是湿婆神的妻子难度母，是瓦拉纳西重要的印度教庙。在印度教节日，这里常举行祭祀活动。游客只能从寺院周围的回廊上远眺里面的景色，可以拍照。

瓦拉纳西
Varānasi(Benares)

地图标注：

泰姬恒河酒店 Taj Ganges
纳代萨尔宫 Nadesar Palace
纳代萨尔市场 Nadesar Bazar
梵文大学 Sanskrit University
编织研究所 Weaving Institute
杰德布勒 Jaipura
格兰德假日酒店 Grand Holiday
佛陀酒店 Buddha
戈达沃姆 Kotwali
印度酒店 India
蓝星酒店 Blue Star
现代旅馆 Modern Lodge
车站路 Station Road
印度国际酒店 Hindustan International
印度之母庙 Bharat Mata Mandir
锡格拉体育场 Sigra Sports Stadium
杰德根杰 Chetganj
园景酒店 Garden View
中央银行 Central
传教所教堂 Mission Church
达萨什瓦梅特 Dasashwamedh
外籍人员注册局 Foreigner's Registration Office
古鲁那纳克路 Guru Nanak Marg
旁遮普国民银行 Punjab National Bank
吉扬瓦皮清真寺 Gyanvapi Masjid
钻石酒店 Diamond
德瓦里格提什神庙 Dwarikadhish Mandir
古鲁巴克 Gurubagh
班代石阶 Pandey Ghat
凯德尔石阶 Kedar Ghat
焚化场 Harishchandra Ghat Burning Ghat
希瓦拉石阶 Shivala Ghat
伯恰拉杰石阶 Bachchhraj Ghat
恒河美景酒店 Ganges View
阿西石阶 Asi Ghat
难近母(杜尔迦)神庙 Durga Mandir
恒河神庙酒店 Temple on Ganges
拉玛王神庙 Shri Stayanarayan Tulsi Manas Mandir
哈奴曼猴神庙 Hanuman Mandir
讷格瓦 Nagwa
讷格瓦石阶 Nagwa Ghat
飓布勒 Bhelupura
森格特莫金庙 Sankat Mochan Mandir
大学路 University Road
传统医院 Heritage
国际宾馆 International Guest Hse
女子学院 Women's College

瓦拉纳西市火车站 Varānasi City RS
北邮铁路 Northern Railway
国王石阶路 Raj Ghat Marg
干线路 Grand Trunk Road
公共汽车站 Bus Stand
印度国家银行 State Bank of India
甘地学院 Gandhian Institute
印度国家银行 State Bank of India
阿迪凯沙 Adi Keshav Mandir
迦尸火车站 Kashi RS
马尔维亚桥 Malviya Bridge
亚当普拉 Adampura
国王石阶 Raj Ghat
戈拉石阶 Gola Ghat
拉杰石阶 Lal Ghat
邮局 GPO
市政厅 Town Hall
阿拉姆吉尔清真寺 Alamgir's Masjid
班杰冈加石阶 Panchganga Ghat
钟楼 Clock Tower
马尼卡尔尼卡石阶焚化场 Manikarnika Ghat Burning Ghat
迦尸金庙 Kashi Vishwanath Mandir
拉利达石阶 Lalita Ghat
米尔石阶 Mir Ghat
马恩寺庙石阶 Man Mandir Ghat
达萨什瓦梅特石阶 Dasashwamedh Ghat
阿希利亚拜石阶 Ahilya Bai Ghat
阿格马哈尔石阶 Rana Mahal Ghat

旧城 OLD CITY：
安拉阿巴德银行 Allahabad Bank
钟楼 Clock Tower
迦尸金庙 Kashi Vishwanath Mandir
印度国家银行 SBI
汽车摩托车站 Auto Rickshaw Stand
圣托马斯教堂 St Thomas Church
吉扬瓦皮清真寺 Gyanvapi Masjid
安纳布尔讷寺庙 Annapurna Mandir
米尔石阶 Mir Ghat
马恩寺庙石阶 Man Mandir Ghat
达萨什瓦梅特石阶 Dasashwamedh Ghat
印度国家银行 SBI
达萨什瓦梅特旅馆 Dasashwamedh Lodge

艺术考古中心 Art & Archaeological Centre
贾纳克布尔神庙 Janakpur Mandir
战争纪念碑 War Memorial
吉尔贾神庙 Girja Mandir
拉姆讷格尔石阶 Ram Nagar Ghat
拉姆讷格尔 Ram Nagar

瓦拉纳河 Varuna
北邮铁路 Northern Railway
阿拉哈巴德路 Allahabad
纳代萨尔路 Nadesar Mg
萨特卡比尔路 Sant Kabir Road
杰德根杰路 Chetganj Marg
拉宾德拉纳特泰戈尔路 Rabindranath Tagore Rd
穆赫塞拉 Mughal Sarai
索纳普尔路 Sonarpur Road
阿西河 Asi Nala
恒河 Ganga (Ganges)
班杰戈西路 Panch Kosi Marg
拉姆讷格尔路 Ram Nagar Road
至米尔扎布尔 Mirzapur

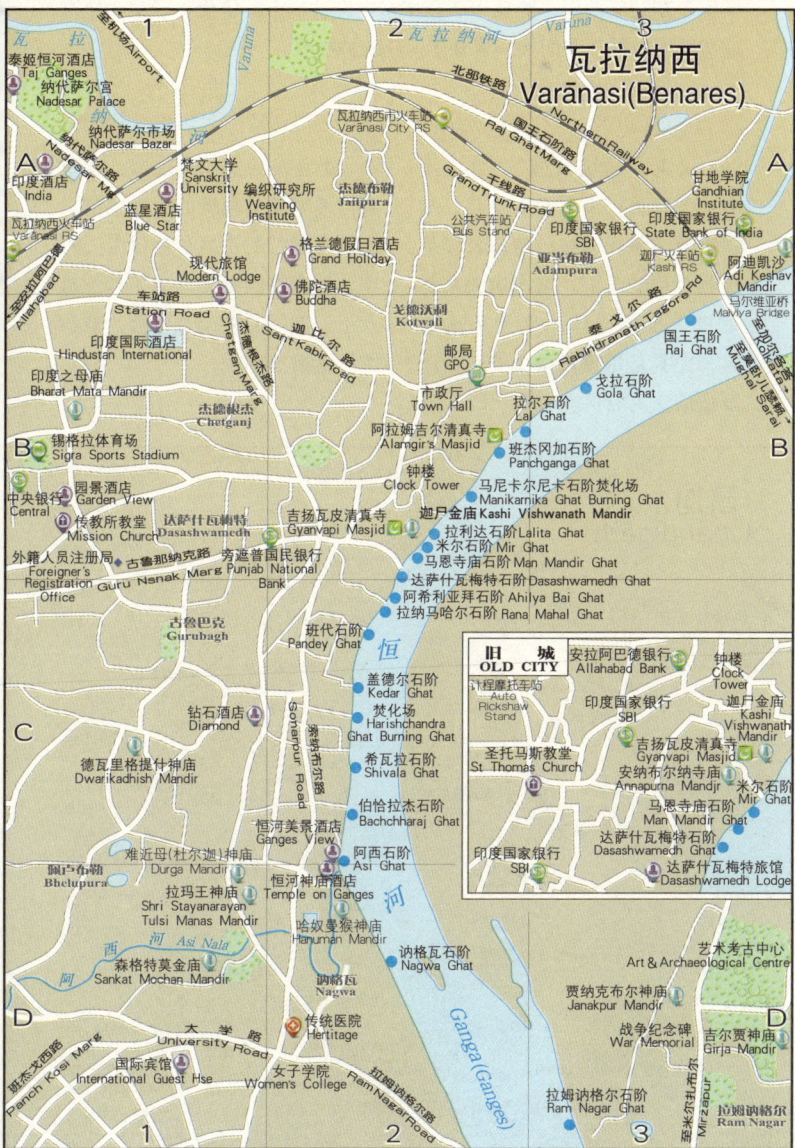

163

昌迪加尔 （地图 P142）

位于印度西北部，是旁遮普邦及哈里亚纳邦两个邦的首府。昌迪加尔城市规划整齐，街道成方格状，分区明确，北为行政区，西为大学区，东为工业区，商业中心在城市中央。城市环境优美，法式建筑遍布城内，徜徉其间如同置身于一座欧洲小城。

岩石公园 P164A3

又称"垃圾公园"，这里没有珍禽异兽也没有名贵花草，却引得游客争相前往。整座公园是废物利用的典型，城市废料在这里变成创世佳作、变为艺术珍宝，尤其是用废料做成的几千座雕像最让人惊叹。

玫瑰花园 P164A2

是亚洲最大的玫瑰园，这里有很多罕见且独特的玫瑰。每年2—3月举行的花展是最佳游园时期，展会将颁出玫瑰王子与玫瑰女王，期间的游园音乐会、戏剧秀等也相当精彩。

昌迪加尔 Chandigarh 地图

旅游资讯 地图导览

北阿肯德邦（地图 P143）

2000年北方邦与我国西藏接壤的山区划分出去，成立了北安恰尔邦。2007年更名为北阿肯德邦，首府为台拉登。该地区有着得天独厚的资源：冰川、雪峰、鲜花谷、滑雪坡及繁茂的森林，被赞誉为"神圣之地"。楠达德维和花谷国家公园是世界自然遗产之一，拉姆根加河谷的科尔贝特国家公园是著名的老虎保护区，里希盖什是印度最主要的瑜伽静修圣地，赫尔德瓦尔是印度教七大圣城与四大河滨圣地之一。

楠达德维和花谷国家公园 P143

处于喜马拉雅山谷内，被群山环绕，是一块由冰川运动引起的盆地。这里人迹罕至，整个公园还保持着未遭人类侵扰的原始自然状态。一些濒危哺乳动物栖息在这里，其中特别珍贵的有雪豹、喜马拉雅山麝香鹿和岩羊。森林主要分布在避风的里西峡谷中。

科尔贝特国家公园 P143

科尔贝特国家公园是印度第一座国家公园，也是著名的老虎保护区。它位于北阿肯德邦喜马拉雅山沿岸一带，占地约520平方公里，园内约有100只老虎。去科尔贝特国家公园可骑大象进入树林游猎，也可乘坐吉普车深入险境，展开一场寻虎之旅。

里希盖什（地图 P143）

这是一个充满神圣气息和神秘色调的地方。它是印度最著名的朝圣中心之一，也是印度最主要的瑜伽静修圣地，每天都有很多世界各地的瑜伽爱好者慕名而来。这里没有灯红酒绿，甚至没有荤食，最多的就是瑜伽学院，印度最有权威性的瑜伽连锁学校都在这开设有瑜伽馆。每一个造访者都能在这虚渺的意境中，感受到那份心灵上的宁静。每年3月的国际瑜伽节，这里更是人潮如海。如果你想感受一下瑜伽圣地的魅力，想进行一次精神上的寻觅，那就到这来吧。

赫尔德瓦尔（地图 P143）

位于北阿肯德邦西部，恒河的起点，恒河上游咽喉要道，有"恒河之门"的称号。在该城南郊的达克合什瓦尔古庙附近，有一相传为湿婆神沐浴时留下的脚印。

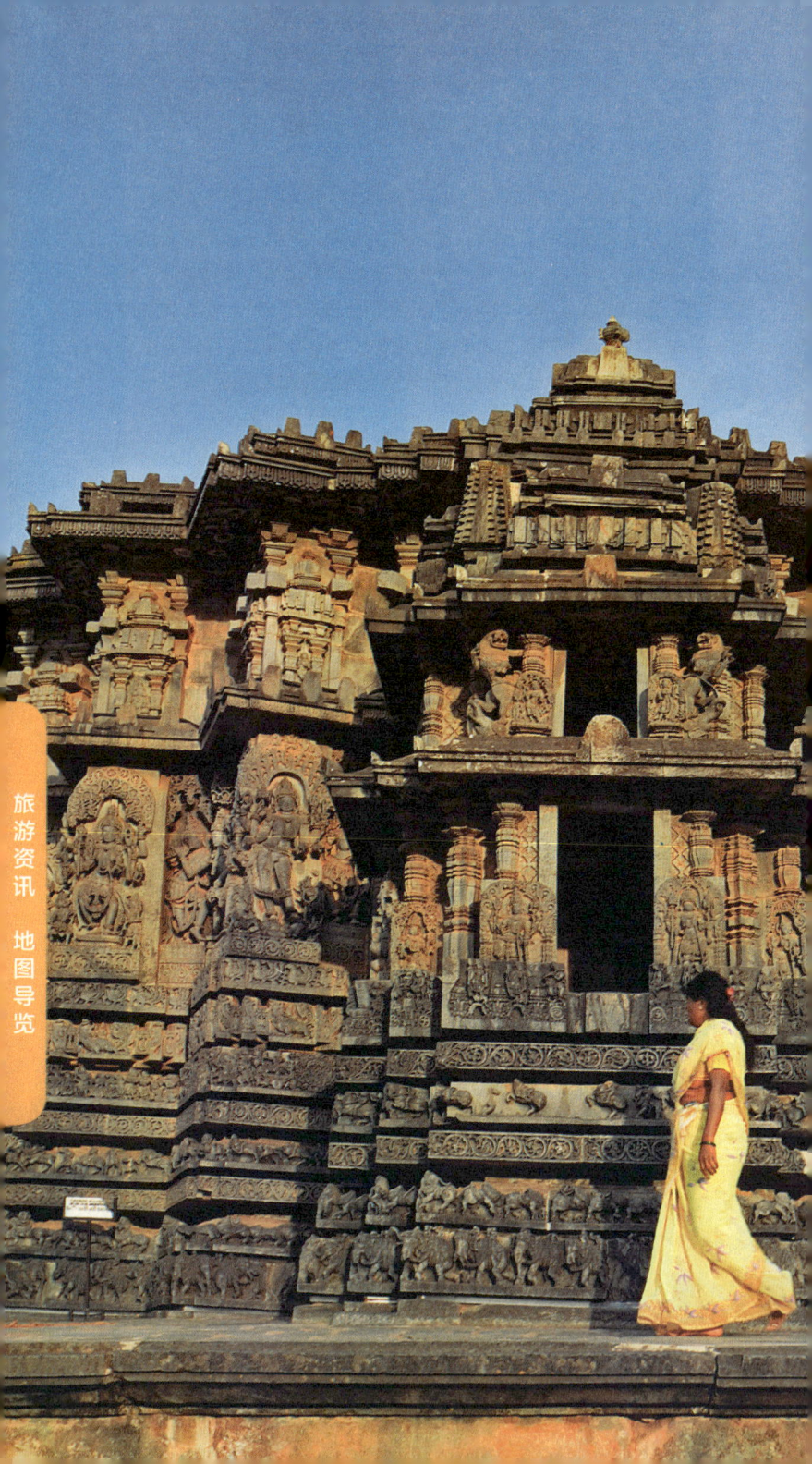

东部地区旅游热点

西孟加拉邦

首府加尔各答、世界级红树林地带孙德尔本斯国家公园（世界遗产）、大吉岭印度山区铁路（世界遗产）

阿萨姆邦

马纳斯野生生物保护区（世界遗产）、加济兰加国家公园（世界遗产）

奥里萨邦

首府布巴内什瓦尔、戈纳勒格太阳神庙（世界遗产）

比哈尔邦

菩提伽耶、摩诃菩提神庙群（世界遗产）——佛祖得道的地方、那烂陀

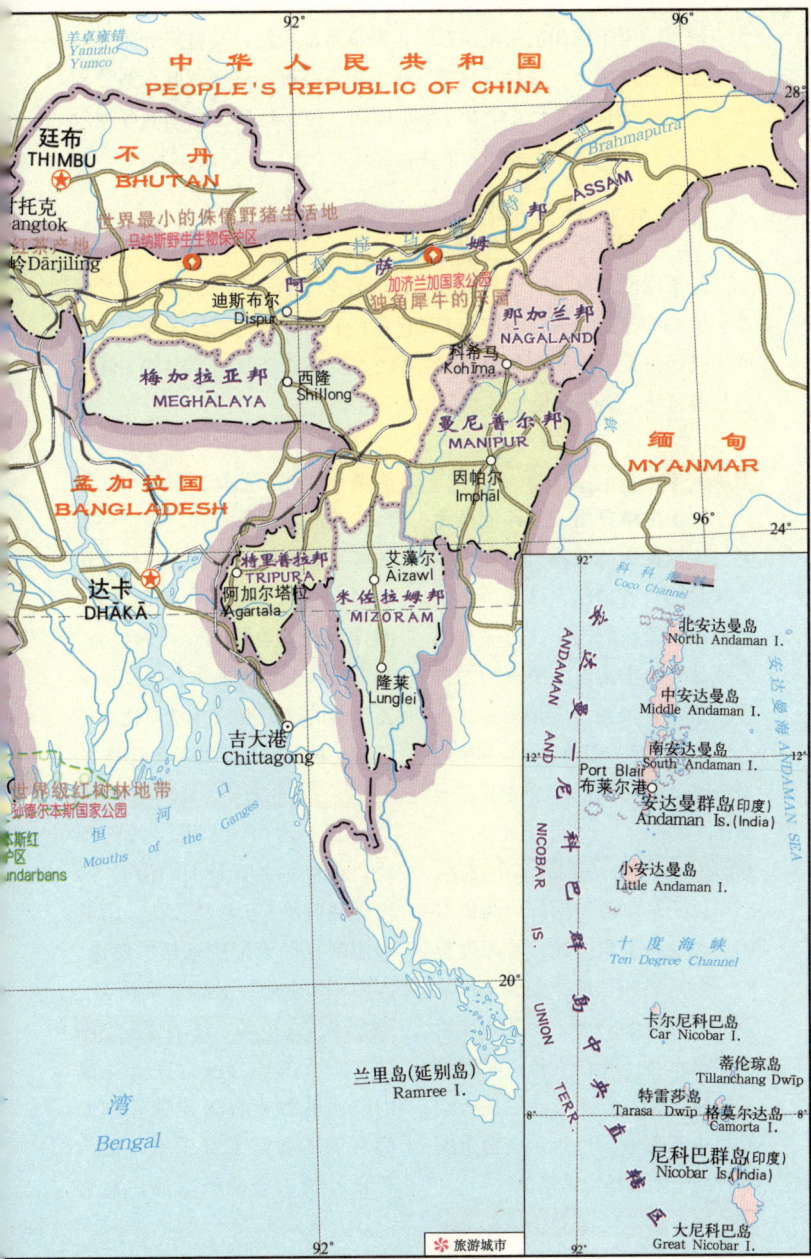

中华人民共和国
PEOPLE'S REPUBLIC OF CHINA

羊卓雍错
Yamzho
Yumco

廷布
THIMBU

不 丹
BHUTAN

托克
angtok

红茶产地
岭 Dǎrjiling

世界最小的侏儒野猪生活地
马纳斯野生生物保护区

迪斯布尔
Dispur

梅加拉亚邦
MEGHALAYA

西隆
Shillong

孟加拉国
BANGLADESH

达卡
DHAKA

世界级红树林地带
姆德尔本斯国家公园
区
undarbans

吉大港
Chittagong

特里普拉邦
TRIPURA
阿加尔塔拉
Agartala

艾藻尔
Aizawl

米佐拉姆邦
MIZORAM

隆莱
Lunglei

阿

萨

姆

邦 ASSAM

Brahmaputra

加济兰加国家公园
独角犀牛的庄园

科希马
Kohīma

那加兰邦
NAGALAND

曼尼普尔邦
MANIPUR

因帕尔
Imphal

缅 甸
MYANMAR

湾

孟 加 拉
Bengal

Mouths of the Ganges
恒
河
口

兰里岛(延别岛)
Ramree I.

海科
Coco Channel

安
达
曼
海
ANDAMAN SEA

北安达曼岛
North Andaman I.

中安达曼岛
Middle Andaman I.

南安达曼岛
South Andaman I.
布莱尔港
Port Blair

安达曼群岛(印度)
Andaman Is.(India)

小安达曼岛
Little Andaman I.

ANDAMAN AND NICOBAR IS. UNION TERR.

十度海峡
Ten Degree Channel

卡尔尼科巴岛
Car Nicobar I.

蒂伦琼岛
Tillanchang Dwīp

特雷莎岛
Tarasa Dwīp
格莫尔达岛
Camorta I.

尼科巴群岛(印度)
Nicobar Is.(India)

大尼科巴岛
Great Nicobar I.

🏵 旅游城市

169

西孟加拉邦 （地图 P168–P169）

位于印度东部和恒河平原东部，濒临孟加拉湾，其首府加尔各答为印度第三大城市。该邦属热带气候，高温高湿，盛产黄麻，茶叶产量为全印度的1/4，大吉岭茶叶举世闻名。位于恒河三角洲的孙德尔本斯国家公园于1987年被列为世界自然遗产。

加尔各答及周边（P169）

位于印度东部恒河三角洲地区，恒河支流胡格利河东岸。它是西孟加拉邦的首府，通往印度东部地区的门户，印度的文化名城，在印度国民经济发展中发挥着至关重要的作用。这里不仅有众多的名胜古迹和游艺场，还是印度诗圣泰戈尔的诞生地。

印度博物馆 P171C2

位于尼赫鲁路，是印度最古老、规模最大的博物馆。1814年为收藏协会所创建，1866协会把博物馆捐给政府遂正式得名。馆内藏品十分丰富，主要分为考古学、艺术、民族学、地质学、物产、动物学等方面的文物，其中地质学部门号称亚洲最大的地质学展览馆。

迦梨女神庙 P171C2

位于加尔各答南郊，为供奉印度教女神迦梨而建，是印度教的一个重要朝圣地。迦梨女神是毁灭之神湿婆的妻子，是印度教中黑暗女神、死亡女神。其形象虽比较可怕，却不影响它在人们心目中的形象。每年神庙会定期举行纪念她的祭祀活动。

维多利亚纪念馆 P171D2

位于迈丹公园东南面，是一座融合欧洲文艺复兴时期和回教风格建筑的白色宫殿，被誉为加尔各答最美丽的建筑物。纪念馆长111米，宽68.5米，高61.5米，圆顶上矗立着胜利女神的巨像，高大宏伟、姿态典雅，与周围参差错落的建筑形成强烈对比，凸显着一种君临天下的不凡气势。

纳科达清真寺 P171B2

位于政府大厦以北1公里处，是加尔各答最大的清真寺，内部能容纳1万名回教徒。清真寺仿阿克巴大帝陵墓结构建造，寺内非常宽敞，装饰非常精美。

伊甸园 P171C2

位于迈丹公园背面，花圃内的水池种有许多睡莲，水池旁有佛塔和露天音乐室，园内有世界最古老的板球场，能容下10万观众。

维德亚萨格尔路
Vidyasagar Sn
至豪里
伯利 Bali
印度统计研究所
Indian Statistical Inst
瑙伯拉 Nawpara
拉宾德拉纳格尔 Rabindranagar
瑙伯拉路 Nowpara Road
杜姆杜姆 Dum Dum

车站
贝卢尔车站 Belur RS
金德默里 Chandmari
贝卢尔 Belur
伯勒讷格尔 Baranagar
戈巴拉·泰戈尔路 Gobala Tagore Road
北郊医院 North Suburban
拉宾德拉·帕拉蒂大学 Rabindra Bharati University
杜姆杜姆路 Dum Dum Road

伯德讷格尔 Bhattanagar
贝卢尔医院 Belur RS
贝卢尔寺庙 Belur Math
贝卢尔 Belur

利卢阿 Lilua
贝尔格恰 Belgachhia
吉里什·戈什路 Girish Ghosh Road
伊斯特里什·纳什巴 Eastern Railway
格苏里 Ghusuri
吉德布尔 Chitpur
耆那教寺庙 Jain
贝尔格恰路 Belgachhia Road
卡林迪 Kalindi
格赫迪

北班德拉站 Bantra Station
本德拉 Bantra
豪拉车站 Haora RS
豪拉综合医院 Haora General
纳科达清真寺 Nakhoda Mosque
大理石宫博物馆 Marble Palace
加尔各答大学 University of Kolkata
市政厅 Town Hall
大东方酒店 Great Eastern
奥贝罗伊大酒店 Oberoi Grand
泰戈尔街 泰戈尔故居 Tagore House

尼姆塔拉街 Nimtala St
伯勒斯纳特耆那教寺庙 Parasnath Jain Temple
根戈尔格奇 Kankurgachhi
马尼克塔拉 Maniktala Main Rd
戈什伯根 Ghosh Bagan
纳尔代登格尔 Narkeldanga Main Road
锡尔达车站 Sealdah RS
巴凡尔吾普尔 Beluri Road

格林姆
Kadamtala
伊甸园
火车站 RS
边丹园
威廉堡 Fort William
迈丹园 Maidan Park
印度博物馆 Indian
恩塔利 Entali
坦格拉 Tangra
凯悦酒店 Hyatt Regency
体育场 Stadium
萨尔特沃特湖 Salt Water Lake

哈苏里
希布尔 Shibpur
沙利 Shalimar
舍利默尔站 Shalimar RS
I Garden
黑斯廷斯 Hastings
维多利亚纪念馆 Victoria
赛马场 Race Course
比尔拉天文馆 Birla Planetarium
印度旅游局 India
圣保罗教堂 St Pauls Cathedral
国家医院 National
公园广场区 Park Circus
火车站 RS
科学城 Science City
中国城（唐人街）China Town
德布里亚克达 Tapuriaghata
喜来登酒店 ITC Sonar Bangla Sheraton
特巴 Dhapa

卡尔·马克思站 Karl Marx Sn
动物园 Zoo
国家图书馆 National Library
伍德兰兹医院 Wood Lands
麦凯布里路 Mukherjee Rd
斯特劳斯路 Strat Bose Road
赫兹拉路 Hazra Road
加里亚哈特路 Gariahat Rd
特布夏 Tapsia
野餐园区 Picnic Garden Road
楚伯加 Chaubhaga
本坦拉路 Bantala Road 本坦拉 Bantala

里奇 Reach
埃格伯尔布尔 Ekbalpur
迦利女神庙 Kali Temple
杰德拉 Chetla
杰德拉路 Chetla Road
拉什贝赫里大街 Rashbehari Avenue
佛庙 Buddhist Temple
赫兹拉 Hazra
拉什贝赫里连接路 Rashbehari Connector
拉杰登加 Rajdanga
赫尔社 Haltu
鲁比综合医院 Ruby General
阿难陀布尔 Anandapur
萨尔特沃特湖 Salt Water Lake

德勒格拉路 Daratala Road
萨赫格尔医院 Sahapur
基赫尔布尔 Sahapur
湖园区 Lake Gardens
火车站 RS
火车站 RS

Bridge
埃塔格尔克达 Etalgbata
蜡烛油高尔夫球俱乐部 Tollygunge Golf Club
杰德沃布尔大学 Jadavpur University
皇家高尔夫天俱乐部 Royal Kolkata Golf Club
结核病院 TB
体育场 Stadium
东郊支路 Eastern Metropolitan Bypass
钻石港 Diamond Habour

圣保罗教堂 P171C2

位于维多利亚纪念馆右侧，建于1847年，巍峨的尖塔直插云霄，高达91米。

植物园 P171C1

位于胡格利河对岸，是东印度公司以收集草药为目的建造的古老植物园。园内有一棵世界上最大的榕树（也叫菩提树王），占地1.5公顷，树高达25米，有2800条根，盘根错节，2004年被收入《吉尼斯世界纪录》。园内还有一处池塘，养殖着满塘的荷花，十分壮观。

动物园 P171C1

位于迈丹公园南边，1876年为纪念爱德华七世来访而建。园内以饲养热带动物和一些珍奇异兽为主，到处种植有热带树木，这里最值得一看的是珍贵的白虎。

泰戈尔故居 P171B2

位于市区北部泰戈尔巷，院落整洁、宁静，古朴的红色三层小楼便是这位著名诗圣的旧时住所，整栋楼爬满了清幽幽的藤蔓，内部陈列了泰戈尔的日常用品、亲笔画、信件等。

泰戈尔雕像

孙德尔本斯国家公园 P169

孙德尔本斯国家公园

孙德尔本斯（Sundarbans）意为"美丽的森林"，其覆盖面积5.7万平方公里，是世界上最大的三角洲，分属印度的西孟加拉邦和孟加拉国。三角洲上分布着大片的红树林沼泽地，划分给印度的部分占地2600平方公里，1987年被列为世界自然遗产。

大吉岭（地图 P169）

位于喜马拉雅山区，临近尼泊尔东南部的边界线，海拔2134米，气候凉爽宜人，大吉岭不仅是印度著名的避暑胜地，还是著名的红茶产地，出入中国西藏的门户。

印度山区铁路 P168

印度山区铁路是最早的铁路之一，1999年以环山铁路系统的经典之作被纳入世界遗产，总长约60～80公里，连接大吉岭和西里古里。这条铁路穿越蜿蜒崎岖的山岭，保留了该地区原有的自然风貌，是交通运输系统的革新，推动了多文化地区社会的经济发展。

阿萨姆邦 （地图 P169）

位于印度东北部，首府为迪斯布尔，最大的城市是古瓦哈蒂。该邦自然资源极为丰富，位于喜马拉雅山脚一片冲积草原和热带森林里的马纳斯野生生物保护区拥有世界上最小的侏儒野猪；位于雅鲁藏布江沉积平原上的加济兰加国家公园拥有世界最大的独角犀牛乐园。

马纳斯野生生物保护区 P169

位于喜马拉雅山脚一片冲积草原和热带森林里。森林中生活着各种各样的动物，野生动物数量在印度首屈一指，其中包括许多濒危物种，如老虎、小灵猫、印度犀牛和大象等。1985年12月，被列为世界文化遗产。

加济兰加国家公园 P169

位于雅鲁藏布江的沉积平原上，占地430平方公里，1985年被列为世界文化遗产。加济兰加交通方便，航空、公路和铁路一应俱全，国道贯穿于加济兰加国家公园，人们甚至可以看到犀牛和野生大象在公路旁溜达。公园每年11月至次年4月对外开放，游人可以象代步，也可在雅鲁藏布江上泛舟尽览公园美景。

马纳斯野生动物保护区

奥里萨邦 （地图 P168）

位于印度东部，濒临孟加拉湾，其首府为布巴内什瓦尔，主要语言为奥里雅语。它最吸引游人的是布巴内什瓦尔的神庙以及位于戈纳勒格小镇的太阳神庙。

奥里萨邦部落女孩

奥里萨邦建筑

布巴内什瓦尔的神庙 P175

布巴内什瓦尔是印度东部的印度教中心，有数百座现存寺庙坐落在城市的各个角落，因此也被称为"千庙之城"和"东方大教堂"。每年这里都会吸引着从印度各地前来的数十万朝拜者。

布巴内什瓦尔的神庙

太阳神庙 P168

位于奥里萨邦东南小镇戈纳勒格，它代表着奥里萨建筑与雕刻艺术的辉煌，1984年被列为世界文化遗产。神庙外形是造型奇特的太阳神战车，有12对巨大的石雕车轮和7匹拉着战车的石马，寺庙内的雕饰精美细腻、形态生动。

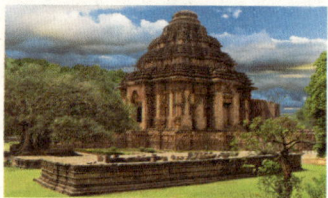

太阳神庙

埃克马拉卡南植物园
Ekmara Kanan Botanical Gardens

奥贝罗伊酒店
Oberoi

地区研究实验室
Regional Research Laboratory

大学宾馆
University Guest House

伯塔尼·萨曼达天文馆
Pathani Samanta Planetarium

工业区
Industrial Estate

阿贾里亚维赫尔
Acharya Vihar

地区交通管理所
Regional Transport Office

电力区
State Electricity Board Colony

斯瓦布讷布里酒店
Swapnapuri

国际游猎酒店
Safari International

A   **A**

体育场
Stadium

拉马代维女子学院
Rama Devi Womens College

沙希德讷格尔
Shahid Nagar

地区教育学院
Regional College of Education

地区公积金委员会
Regional Provident Fund Commissioner

马哈里希自然法学院
Maharishi College of Natural Law

马图苏旦讷格尔
Madhusudhan Nagar

斯图尔特学校
Stewart School

部族研究中心
Tribal Orientation Study Centre

伯代尔路
Patel Marg

工程师学会
Institute of Engineers

圣约瑟夫教堂
St Joseph's

食品制作工艺研究所
Food Craft Institue

B   **B**

婚礼大厅
Kalyan Mandapa

基督教联合会
Christ Union

贾米亚清真寺
Jamia Masjid

卡拉韦拉讷格尔
Kharavela Nagar

马里恩酒店
Marrion

邦宾宾馆
State Guest House

王宫(政府宫)
Raj Bhavan

汉达大厦
Vidhan Sabha

邮局
GPO

戈维顺势医院
Gove Homoeopathic Medical College

马利萨希
Mali Sahi

奥里萨儿童福利会
Orissa Council of Child Welfare

巡回赛会所
Circuit House

秘书处
Secretariat

阿绍格讷格尔
Ashok Nagar

斯沃斯蒂酒店
Swosti

拉克希米讷格尔
Lakshmi Nagar

布巴内什瓦尔俱乐部
Bhubaneshwar Club

布巴内什瓦尔站
Bhubaneshwar RS

亚特里尼瓦斯酒店
Jatri Nivas

奥里萨邦农业科技大学
Orissa University Agriculture & Technology

邦族游服务中心
State Soochana Bhavan

东南铁路区
South Eastern Railway Colony

C   **C**

伽伽讷格尔
Ganga Nagar

巴布吉讷格尔
Bapuji Nagar

林伽拉杰酒店
Lingaraj

基础科学学院
Basic Science College

邦中心医院
Capital

拉杰塔尼法学院
Rajdhani Law College

布巴内什瓦尔酒店
Bhubaneshwar

比恭克公园
Biju Patnaik Park

森林公园区
Forest Park

维纳斯酒店
Venus Inn

科纳克酒店
Konark

奥里萨邦博物馆
Orissa State Museum

机场
Airport

飞行俱乐部
Flying Club

摩诃提婆(大天)神庙
Kukuteshwar Mahadev

揭陵伽阿育王酒店
Kalinga Ashok

印度旅游服务中心
India

巴拉格尔
Baragarh

护照签发处
Passport Office

民事法院
Civil Court

阿育吠陀医院
Ayurvedic

D   **D**

纳格什瓦尔神庙
Nageshwar

拉维影院
Ravi

布拉苏拉梅什尔神庙
Parasurameshwar

拉贾拉尼神庙
Raja Rani

帕知雷什瓦尔神庙
Bhakareshwar

苏古梅什尔神庙
Sukuteshwar

穆克泰什尔神庙
Mukteshwar

布拉梅什尔神庙
Brameshwar

布巴内什瓦尔
Bhubaneshwar

旧城
Old Townh

林伽拉杰神庙
Lingaraj

比哈尔邦 （地图 P168）

其首府为巴特那，北界尼泊尔，东邻孟加拉邦，西接北方邦，南邻恰尔肯德邦，通用印地语。这个地区是佛祖释迦牟尼活动过的地方，佛迹众多。其中格雅是印度教的朝拜圣地；位于格雅以南的菩提伽耶则是佛祖得道的地方；那烂陀则在印度佛教史具有很重要的地位，有佛教最高学府之称。

摩诃菩提神庙群（世界遗产）

于2002年入选为世界文化遗产，是佛祖得道的地方。庙群内著名的佛塔寺据说是阿育王在位时建造的，后来经过多次修建，才保持现状。摩诃菩提寺不远处有中国庙、日本庙、斯里兰卡

中华大觉寺

寺、缅甸寺等二十多座佛寺，分别展现了各国建筑艺术的风姿，是世界佛教建筑的荟萃之地。

菩提伽耶大塔

摩诃菩提神庙群内最大的佛塔，又称大觉塔、大觉寺、大菩提寺、摩诃菩提寺。高50米，形如金字塔，大塔东门两旁辟有佛

佛祖脚印

菩提寺里的古钟

菩提伽耶大塔

麂、佛像，雕镂精致庄严。塔西侧是著名的大菩提树，佛陀就是在此数下打坐了7天后得道成佛，每年到此朝圣的佛教徒不计其数。

菩萨树

位于菩提伽耶大塔西侧接基台处，高达12米。据说当年为了传播佛法，阿育王的女儿僧伽蜜多曾将此树分枝移植到锡兰（现在的斯里兰卡），但后来这棵树遭到了异教教徒的摧毁，便又从锡兰移枝回菩提道场，也就是人们现在看到的菩提树。

菩提伽耶寺的石栏

阿育王柱

阿育王石门

一说由阿育王所建，因阿育王最早崇信外道，不信佛法，恶意砍伐佛陀成道的菩提树，但菩提树干虽被砍伐殆尽，不久仍新芽繁茂，阿育王悔悟后便命令匠人修筑十余米高的石栏环绕严护。另一说从石柱的刻文推断，此石栏造于阿育王之后，是阿育王的后裔为防后人滥伐菩提树，便修造的石栏。

那烂陀——佛教最高学府

那兰陀是佛祖大弟子之一舍利佛出生的地方，也是印度著名的佛教寺院，它在印度佛教史上占有重要的地位，并有"佛教最高学府"之称。中国著名僧人玄奘、玄照、义净、大乘灯、新罗僧慧业等都曾在此学习。

那烂陀佛教遗址

舍卫城

舍卫城曾是释迦牟尼佛修行的地方，它是居萨罗王国之都舍卫城的一个庭院，据说是由一个富商献给佛祖修行的地方。

灵鹫峰

灵鹫峰是佛祖生前说法和结集佛藏之地，释迦牟尼曾在此居住了12年。竹林东面有佛舍利塔。

旅游资讯　地图导览

中、西部地区旅游热点

古吉拉特邦

首府艾哈迈达巴德、金巴纳—巴瓦加德考古公园（世界遗产）

中央邦

首府博帕尔、平贝德加岩洞（世界遗产）、桑吉佛教古迹（世界遗产）、奇妙的雕塑艺术克久拉霍古迹（世界遗产）

马哈拉施特拉邦

首府孟买、恰德拉巴蒂西瓦吉车站（世界遗产）、埃勒凡塔石窟（世界遗产）、埃洛拉石窟群（世界遗产）、阿旃陀石窟（世界遗产）

东经E68° 72°

阿杰梅尔 斋浦尔
Ajmer Jaipur
粉红之城

焦特布尔
Jodhpur
蓝色之城

海得拉巴
Hyderabad

巴基斯坦
PAKISTAN

拉 贾 斯 坦 邦
RĀJASTHĀN

24°

乌代布尔
Udaipur
白色之城

北回归线
Tropic of Cancer

古 吉 拉 特 邦
GUJARĀT

根德拉
Kāndla

卡奇湾
G. of Kachch

艾哈迈达巴德
Ahmadābād

甘地讷格尔
Gandhīnagar

金巴帕—巴瓦加
考古公园

贾姆讷格尔
Jāmnagar

拉杰果德
Rājkot

瓦多达拉
Vadodara

讷尔默达河
Narmada R.

博尔本德尔
Porbandar

包纳加尔
Bhavnagar

苏拉特
Surat

杜利亚
Dhūlia

贾尔冈
Jālgaon

吉尔森林狮子保护区
Gir Forest N.P.

第乌
Diu

肯帕德湾(坎贝湾)
G. of Khambhat(G.of Cambay)

达曼
Damān

锡尔瓦萨
Silvassa

阿旃陀
佛教
和爱

20°

阿格拉石窟群
峡谷峭壁武岩
上的与屋群

奥兰加巴德
Aurangābād

恰德拉巴蓬西瓦吉车站
Mumbai

马哈拉施特
MAHĀRĀSH

孟买
Mumbai

埃勒凡塔石窟(象岛)

高达5.5米的三面湿婆神

浦那
Pune

绍拉
Shola

阿 拉 伯 海
ARABIAN SEA

戈尔哈布尔
Kolhāpur

卡纳塔克
KARNATA

① 达曼、第乌中央直辖区
  Damān and Diu Union Terr.
② 达德拉—纳加尔哈维利中央直辖区
  Dādra and Nagar Haveli Union Terr.
③ 本地治里中央直辖区（包括：本地治里、
  加里加尔、亚南和马埃）
  Pondicherry Union Terr.(incl.Pondicherry,
  Kārikāl,Yanam and Mahe)

❀ 旅游城市

16°

72° 果阿邦
GOA

贝尔高姆
Belgaum

帕塔克

76

瓜廖尔
Gwalior

蒂沃布里国家公园
Shivpuri N.P.

占西
Jhansi

勒克瑙
Lucknow

坎普尔
Kanpur

戈勒克布尔
Gorakhpur

尼泊尔
NEPAL

北方邦
UTTAR PRADESH

北印度音乐
和舞蹈的家园

安拉阿巴德
Allahābād

恒河
Great Ganges

比哈尔邦
BIHAR

瓦拉纳西(贝拿勒斯)
Varanasi(Benares)

印度教精神中心

佛祖得度的地方

克久拉霍古迹
人体艺术雕像群

雷瓦
Rewa

格尔瓦
Garhwa

恰尔肯德邦
JHARKHAND

现存最古老的佛教圣地
桑吉佛塔古迹

博帕尔
Bhopāl

加岩洞

本特沃格尔国家公园
Bandhavagarh N.P.

贾巴尔普尔
Jabalpur

白拉毛国家公园
Palamau N.P.

安比加布尔
Ambīkapur

中央邦
MADHYA PRADESH

甘哈国家公园
Kānha N.P.

比拉斯布尔
Bilāspur

切蒂斯格尔邦
CHHATTISGARH

那格浦尔
Nagpur

本杰国家公园
Pench N.P.

达多巴国家公园
Tadoba N.P.

钱德拉布尔
Chandrapur

赖布尔
Raipur

森伯尔布尔
Sambalpur

默哈讷迪河
Mahānadi

奥里萨邦
ORISSA

楠代德
Nanded

杰格德尔布尔
Jagdalpur

比瑟姆卡塔克
Bissamcuttack

布拉马布尔
Brahmapur

尼扎马巴德
Nizāmābād

戈达瓦里河
Godavari R.

伯加
arga

海得拉巴
Hyderābād

维沙卡帕特南
Vishākhāpatnam

安得拉邦
ANDHRA PRADESH

克里希纳河
Krishna R.

亚南
Yanam

孟加拉湾
Bay of Bengal

贡土尔
Guntūr

默吉利伯德讷姆
Machilipatnam

卡努尔
Kurnool

古吉拉特邦 （地图 P180）

位于印度西部的一个半岛，首府为甘地讷格尔，但最大的城市为艾哈迈达巴德。印度伟大的政治领袖甘地出生于该邦西南部的博尔本德尔。位于艾哈迈达巴德东南边的金巴纳—巴瓦加德考古公园古时曾是苏丹国的都城，2004年被列为世界文化遗产。

艾哈迈达巴德及周边 （地图 P180）

是印度西部古吉拉特邦最大的城市和重要商埠。它由新城与旧城组成，新城位于城市右岸，划分为行政、文教和住宅区；旧城处于城市左岸，是商业中心和铁路枢纽。漫步城内，精美的穆斯林建筑、众多的印度教寺院与现代设施完美结合，让人流连忘返。

贾玛清真寺 P183C2

位于甘地路，寺内排列着256根石柱，格外庄严肃穆，代表着印度教和伊斯兰教建筑风格的融合。

达达哈里台阶井 P183B3

建于1501年，被誉为"世界上最美丽的井"。这些井较深，大约十几米，不仅用于沐浴，还与仪典有关，气势恢宏的阶梯一直通到地下水面，陡直的井壁上布满了各种雕刻。达达哈里台阶井作为建筑学上几处杰出的建筑物之一而世界闻名。

金巴纳—巴瓦加德考古公园 P180

位于古吉拉特邦第三大城市瓦多达拉的东北部，古时这里曾是苏丹国的都城，现辟为金巴纳—巴瓦加德考古公园，2004年被列为世界文化遗产。

达达哈里台阶井

艾哈迈达巴德
Ahmadābād

金德劳迪亚
Chandlodia

拉尼布
Ranip

萨巴尔马蒂
Sabarmati
车站 RS

达摩什瓦尔大天神庙
Dharmeshwar
Mahadev

机场路
Airport Road

焦格胡尔
Joghour

阿什拉姆路
Ashram Road

萨巴尔马蒂河
Sabarmati

迪尼拉姆纳格尔
Dhiram Nagar

哈奴曼猴神庙
Camp Hanuman

圣乔治教堂
St George

纳瓦耶德杰
Nawa Yadaj

儿童公园
Children's Park

体育俱乐部
Gymkhana Club

艾哈迈达巴德机场
Ahmadabad Airport

乌特姆纳格尔
Udham Nagar
(Juna Vadaj)

萨马尔RS寿岭
Sabarmati RS

沙哈巴德路
Shahibaug Road

梅格尼纳格尔
Meghani Nagar

至斋浦尔
Jaipur

萨达尔区
Sardar
Colony

苏帕什桥
Subhash Bridge

甘地修行所
Gandhi Ashram

皮巴纳特大天神庙
Bhimnath Mahadev

沙希伯克
Shahibagh

民医院
Civil

总警监院
IG Police

卡塔洛迪亚路
Ghatlodia Road

赛义德·奥斯曼清真寺
Saiyad/Usman

甘地纪念馆
Gandhi Smarak

摩诃迦利神庙
Mahakeli

阿慈尔瓦
Asarva

艾哈河边大天神庙

伯勒斯纳格尔
Paras Nagar

奥斯曼布拉
Usmanpura

旧那阿含经寺庙
Jain Agam

清真寺
Achut Kukis

警长办公室
Police Commissioner

阿慈尔瓦站
Asarva RS

格姆纳特大天神庙
Karnath Mahadev

奥斯曼布拉公园
Usmanpura Garden

赛义德·阿拉姆清真寺
Saiyad Alam

慰爵府邸
Madhupura

阿默达巴德机场站

古吉拉特邦部落博物馆
Gujarat Tribal

萨达尔·伯德尔体育场
Sardar Patel Stadium

甘地桥
Gandhi Bridge

哈提辛纳神庙
Hathisingh

达达哈里亚阶井
Dada Hari
Step Weil

王宫酒店
Maharaja Palace

大学路
University Road

高级法院
High Court

安巴吉寺庙
Ambaji

建筑学校
School of
Architecture

迪内什会堂
Dinesh Hall

穆罕默德·吉拉普清真寺
Mohammad Chistis

巴布纳格尔路
Bapunagar Road

印度研究博物馆
LD Institute of Indology

斯瓦米纳拉扬神庙
Swaminarayan

巴布纳格尔
Bapu Nagar

圣沙维尔教堂
St Xavier

阿蒙倍伽会堂
Ambedkar Hall

土木工程师协会
Inst of Civil Engineers

尼赫鲁桥
Nehru Bridge

克里希纳纳格尔
Krishna Nagar

甘地格勒姆站
Gandhigram RS

印度航空
IA

贾玛清真寺
Jami Masjid

维多利亚女王银禧医院
Victoria Jubilee

艾哈迈达巴德站
Ahmadabad RS

拉基亚尔
Rakhyal

拉杰纳格尔俱乐部
Rajnagar Club

市政厅
Town Hall

旅游服务中心
Tourist Information
Centre

甘地路
Gandhi Road

西迪·巴希尔清真寺摇塔
Shaking Minarets

拉基亚尔路
Rakhial Road

格杰尔会堂
Gajja Hall

体育俱乐部
Gymkhana Club

埃利斯桥
Ellis Bridge

维多利亚公园
Victoria Garden

龚蒂普尔
Gomtipur

印-德文化中心
Indo German Cultural Centre

循道宗教堂
Methodist

城市博物馆
Ahmadabad City Museum

中央公共汽车总站
Central Bus Stand

龚姆迪布尔公园
Gomtipur Garden

戈杰勒布甘地修行所纪念馆
Kochrab Gandhi Ashram Memorial

萨达尔桥
Sardar Bridge

伯尔迪
Paldi

动物园
Zoo

尼赫鲁路
Jawaharlal Nehru Road

伯尔迪板球俱乐部
Paldi Cricket Club

印花棉布博物馆
Calico

根格里亚湖
Kankariya Lake

自然史博物馆
Natural History

萨巴尔马蒂河
Sabarmati

纳拉扬纳格尔
Narayan Nagar

传染病医院
Infectious Disease

马哈拉那·斯内德尔路
Maharana Sneder Road

萨哈勒姆路
Shahalem Road

萨达尔·伯德尔医院
Sardar Patel

马尼纳格尔站
Mannagar RS

拉克希米纳拉扬社区
Laxminarayan Society

萨巴尔马蒂河
Mahananda/sneder Road

金多拉湖
Chandola Lake

马尼纳格尔
Mani Nagar

孟买路
Mumbai

183

中央邦 （地图 P180-P181）

位于印度中部，首府为博帕尔。它是一个综合性旅游胜地，拥有丰富的印度教、佛教、耆那教和伊斯兰教历史文化遗产。其中最出名景点有克久拉霍古迹、平贝德加岩洞、桑吉佛教古迹等。

博帕尔及周边 （地图 P181）

位于印度中部，是印度中央邦历史悠久的首府，也是一座集美景、历史和现代化于一体的城市。博帕尔市区环境优美、交通便利，现代化建筑拔地而起，郊区工厂林立，到处一派繁荣景象。在老城随处可见风格迥异的市场、古朴典雅的宫殿和精致的清真寺，是游人了解印度的一个理想地方。

旅游资讯 地图导览

博帕尔
Bhopāl

| 1 | 2 | 3 |

纳夫里路 Navri Rd.
萨马尔布勒 Samalpura
乔拉 Chhola
至桑奇 Sanchi 至德里 Delhi
伊德格丘陵区 Idgah Hills
格巴尔布勒 Kabitoura
旧秘书处 Old Secretariat
泰姬宫酒店 Taj Palace
博帕尔车站 Bhopal RS
艾什巴克体育场区 Aishbagh Stadium
工业区 Industrial Estate
宫殿 Main Palace
索菲亚清真寺 Sophia Masjid
印度国家银行 State Bank of Inda
考古博物馆 Archeological Museum
中央图书馆 Central Library
艾什巴克体育场 Aishbagh Stadium
赖森路 Raisen Rd.
英迪拉布里 Indrapuri
伊玛姆广场 Imami Square
珍珠寺 Moti Masjid
尼勒姆公园区 Neelam Park
博格达桥 Bogda Bridge
戈温德布拉 Govindpura
印度巴拉特重电公司 B.H.E.L.
上 湖 Upper Lake
印度之家 Bharat Bhawan
哈米达学院 Hamida College
布尔松天主教 Bourson Catholic Church
比尔拉寺庙 Birla Temple
理工学院 Polytechnic
海豚公园水族馆 Dolphin Park Aquarium
滨湖路 Lakedrive Rd.
沙姆拉丘陵区 Shamla Hills
地区学校 Regional College
中央邦政府咨询中心 Govt. M.P. Information Centre
印度航空 青年旅社 Air India Youth Hostel
中央邮局 Central Post Office
动物园 Zoo
夏斯特里纳格尔 Shastri Nagar
南丁训格尔 South T.T.Nagar
马尤尔花园 Mayur Garden
A区 Sector A
2号主路 Main Rd. 2
塞瓦萨丹 Sewa Sadan
哈比卜根杰车站 Habibganj RS
E区 Sector E
3号主路 Main Rd. 3
查尔伊姆利 Char Imli
阿拉拉 Arara
学校 Ankur School
哈比卜根杰 Habibganj
理工学院 Maulana Azad College of Technology

平贝德加岩洞 P181

位于温迪亚山脉的丘陵地带，距离博帕尔市约46公里。这个丛林密布、怪石嶙峋的岩石地区，共有700多个新石器时代的岩洞，洞内有500多幅壁画描述着史前穴居人的生活。这些壁画以红色和白色作为主色调，绿色和黄色点缀其间，描绘了狩猎、舞蹈、音乐、战斗、家居等各种场景。诸如野牛、老虎、狮子、野猪、大象、羚羊、狗、蜥蜴等动物，在一些洞穴中都有丰富的描绘。2003年被列为世界文化遗产。

桑吉佛教古迹 P181

桑吉佛教古迹

坐落在离博帕尔约40千米的小山上，是现存的最古老的佛教圣地，于1989年被列入《世界文化遗产名录》。它由一组佛教建筑群构成，主要包括巨石石柱、宫殿、庙宇和寺院等，这些建筑历史悠久，被不同程度地保存下来。

克久拉霍古迹 P181

克久拉霍古迹

克久拉霍古迹位于中央邦切德尔布尔县东南处，距离新德里580公里。1986年，被列入《世界文化遗产名录》。这里的人体雕塑世间少见，动人的传说和庞大的神庙群、精美的男女交媾雕刻艺术使克久拉霍成为印度著名的游览胜地。

马哈拉施特拉邦 （地图 P180–P181）

位于印度西部，首府孟买是印度最大的城市。该邦的旅游以孟买为中心，除此之外还可到东北方向奥兰加巴德附近的埃洛拉石窟群和阿旃陀石窟观光。这两处石窟遗址已被列入世界遗产，是印度艺术的典范。

孟买 地图（P186–P187）

濒临阿拉伯海，是印度马哈拉施特拉邦首府、印度最大的海港和重要交通枢纽，素有印度"西部门户"之称。它依山傍海，拥有广阔的海滨沙滩和幽静的街头花园，环境优雅。城内随处可见欧式古典建筑、现代的摩天大楼和华丽壮观的印度房屋。它既是印度商业和娱乐业之都，又是电影帝国宝莱坞的大本营。

旅游资讯 地图导览

1

阿拉伯海
ARABIAN SEA

华美达棕榈酒店
Ramada Palmgrove

久胡机场
Juhu Airport

西圣克鲁斯
Santacruz West

孟买机场
Mumbai Airport

圣克鲁斯车站
Santacruz RS

君悦酒店
Grand Hayat

东卡尔
Khar East

孟买大学
University of Mumba

西卡尔
Khar West

古尔拉
Kurla

A

东班德拉
Bandra East

西班德拉
Bandra West

班德拉站
Bandra RS

马希姆
Mahim

海岩喜来登酒店
Searock Sheraton

泰姬兰兹角
Taj Lands End

马希姆港
Mahim Port

科祠瓦达
Koliwada

马希姆湾
Mahim Bay

印度贾医院
Hinduja

锡提维纳亚克寺庙
Siddhi Vinayak

达达尔站
Dadar RS

沃德拉站
Wadala Rd RS

布特格尔路
P. Budhkar Mg

东达达尔
Dadar East

沃德拉
Wadala

B

沃尔利
Worli

栋达路
J. Dongde Mg

塞沃里
Sewri

塞沃里站
Sewri RS

尼赫鲁国际会展中心
Nohru Lentre

罗厄尔站
Lower Parel RS

跑马场
Race Course

清真寺及哈吉·阿里墓
Haji Ali

卡顿格林站
Cotton Green RS

摩诃拉克希米寺
Mahalaxmi

维多利亚公园
JB Udyan

默泽冈
Mazagaon

孟买
Mumbai Ha

中央站
Mumbai Central RS

格兰特路站
Grant Rd RS

瓦迪港
Wadi Bandar

巴布尔纳特庙岛
Babulnath Temple Cplx

穆姆巴德维庙
Mumbadevi Temple

桑德赫斯特路站
Sandhurst Road RS

Towers of Silence

孟德维
Mundvi

焦伯蒂滩
Chowpatty Beach

克罗斯岛
Cross Island

邦根加寺庙
Banganga

海铁站
Marine Lines RS

恰德拉巴蒂西瓦吉车站
Chhatrapati Shivaji Terminus
(Victoria Terminus)

总督府(政府宫)
Raj Bhavan

巴克湾
Back Bay

教堂门站
Church Gate Terminus

贝拉马酒店
Pelamar

市政厅
Town Hall

C

奥贝罗伊酒店
Oberoi

西印度威尔士亲王博物馆
Prince of Wales Museum of Western

印度门 Gateway of India

泰姬马哈尔酒店
Taj Mahal

法里亚斯酒店
Fariyas

中地岛
Middle Ground

世界贸易中心
WTC

圣约翰教堂
St. John's Church

戈拉巴
Colaba

阿富汗教堂
Afghan Church

奥伊斯特岛
Oyester Island

1

2

西卡德戈伯尔
Ghatkopar West

东卡德戈伯尔
Ghatkopar East

3

塔 纳 路
Thane Creek

4

中 央 南 路
Central Road South

农产品市场区
Anme Market

阿博特酒店
Abbot

桑巴达站
Sanpada RS

尔拉终点站
ria Terminus

贾万路 Y Chavan Marg

中央铁路 Central Railway

瓦希站
Vashi RS

桑巴达
Sanpada

A

金布尔站
Chembur RS

戈万迪
Govandi

戈万迪站
Govandi RS

迈达姆拉赫特拉
有业发展公司工业区
Midc Indl Area

金布尔
Chembur

内鲁尔
Nerul

瓦达瓦利
Wadavali

内鲁尔站
Nerul RS

沙斯德里讷格尔
Shastri Nagar

帕姆比奇路
Palm Beach Road

特朗贝
Trombay

布拉亚格讷格尔
Prayag Nagar

B

象岛
Elephanta Island

布彻岛
Butcher Island

纳瓦
Nhava

埃勒凡塔石窟（象岛）
Elephanta Caves

纳瓦谢瓦港（尼赫鲁港）
Nhava Sheva(Jl. Nehru Pory)

谢瓦
Sheva

谢 瓦 河
Sheva Creek

C

3

4

187

印度门 P186C2

位于孟买的阿波罗码头，为纪念英王乔治五世1911年访印在此登陆而建，现为市政府迎接各国宾客的重要场地。印度门高26米，大门两旁建有大型的接待厅、拱门和宣礼楼，外观与法国的凯旋门极为相似，是一座融合了印度和波斯文化特色的建筑。

泰姬马哈尔酒店 P186C2

泰姬马哈尔酒店

坐落在孟买的中心地带，是孟买最好的五星级酒店，被誉为"象征印度自尊和财富的最佳酒店"，深受社会名流的青睐。其外观融合了哥特式和伊斯兰式设计风格，庄严雄伟又不失高雅。

焦伯蒂滩 P186C2

位于滨河路西边，由数千米长的海湾大堤连接而成，是人们悠闲漫步、娱乐度假的理想场所。这里风光旖旎，沙滩宽阔平坦，海水多层次多色彩地变幻着，吸引了无数游人前来。

恰德拉巴蒂西瓦吉车站 P186C2

建成于1887年，原名维多利亚火车站，是殖民地时期的代表

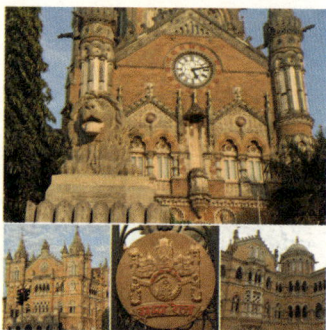
恰德拉巴蒂西瓦吉车站

性建筑物。整座建筑宏伟壮观，建筑风格融合了哥特式与印度的传统风格。精美的石雕在这里随处可见，从建成至今一直是印度最繁忙的火车站。

宁静塔（鸟葬场） P186C1

位于布里亚达尔希尼公园东南面。宁静塔必须是袄教徒才能进入，一般游客不能随便进入。同时这里也是袄教天葬场，也叫鸟葬场。在这里有复制品可帮助游人了解袄教是习俗。

埃勒凡塔石窟（象岛） P187C3

位于孟买市区东部6公里的阿拉伯海上，建于公元8世纪，也称象岛。石窟内有大量的浮雕、塑像，还有一个巨大的大面湿婆神像。1987年被列入《世界文化遗产名录》，是印度古代石雕艺术的宝库。

- 除周一以外的其他时间都对游客开放
- 交通方式：可乘船前往，开船时间前往为9:00—18:00，返回为12:30—14:30。

奥兰加巴德及周边（地图 P180）

（地图 P180）

埃洛拉石窟群 P180

位于奥兰加巴德30公里处，始建于公元3世纪，耗时一千多年，开凿了34座石窟。这些石窟群延绵近2公里，该石窟群既显示了精美的寺庙外观又展现了精巧的寺庙内部结构，是世界寺庙石雕建筑典范。1983年被列入《世界文化遗产名录》。

阿旃陀石窟 P180

位于奥兰加巴德北部，共有29个石窟。石窟的建筑形式主要分为两种，一种是支提洞，意为佛殿；另一种为毗可罗洞，即僧房。雕刻和壁画以宣扬佛教内容为主，是印度绘画史上最完美的典范之一。1983年被列入《世界文化遗产名录》。

埃洛拉石窟群微图

阿旃陀石窟

旅游资讯　地图导览

南部地区旅游热点

卡纳塔克邦

首府班加罗尔、亨比古迹（世界遗产）、帕塔达卡尔古迹（世界遗产）

果阿邦

首府帕纳吉、果阿海滩、果阿教堂和修道院（世界遗产）

安得拉邦

首府海得拉巴

泰米尔纳德邦

首府金奈、千庙之城马杜赖、默哈伯利布勒姆古迹群（世界遗产）、朱罗神庙（世界遗产）

喀拉拉邦

首府特里凡得琅、贝里亚尔野生动物保护地、印度最古老的港口科钦、船屋旅游中心库玛拉孔

奥兰加巴德
Aurangabad

76°

楠代
Nand

恰德拉巴蒂西瓦吉车站
孟买
Mumbai
埃勒凡塔石窟
高达5.5米的三面湿婆神

马哈拉施特拉邦
MAHARASHTRA

尼扎
Nizē

浦那
Pune

绍拉布尔
Sholapur

阿拉伯海
ARABIAN SEA

戈尔哈布尔
Kolhāpur

古尔伯加
Gulgarga

16°

贝尔高姆
Belgaum

帕塔达卡尔遗迹

卡努
Kurnë

果阿教堂和修道院
帕纳吉
Pānaji

亨比古迹

美丽的果阿海滩 果阿邦 GOA

胡布利-塔尔瓦尔
Hubli-Dhārwar

卡纳塔克邦
KARNĀTAKA

希莫加
Shimoga

杜姆古尔
Tumkūr

Bar

门格洛尔
Mangalore

12°

纳格尔霍莱国家公园
Nagarhole N.P.

迈索尔
Mysore

阿明迪维群岛(印度)
Amindivi Is.(India)

班迪布尔国家公园
Bandipur N.P.

本迪布尔国家公园

特里岛
Tree I.

马埃
Mahe
①

哥印拜陀
Coimbatore

阿格蒂岛
Agatti I.

格德默德岛(小豆蔻岛)
Kadmat(Cardamum) I.

比蒂岛
Pitti I.
卡瓦拉蒂
Kavaratti
卡瓦拉蒂岛
Kavaratti I.

安德罗特岛
Androth I.

拉克沙群岛(印度)
Lakshadweep(India)

格尔贝尼岛
Kalpeni I.

贝里亚尔野生动物

科钦
Kochi

拉克沙群岛中央直辖区
UNION TERR. OF LAKSHADWEEP

阿勒皮
Alleppey

乘水船游览的地方

九 度 海 峡
Nine Degree Channel

米尼科伊岛(印度)
Minicoy I.(India)

特里凡得琅
Thiruvananthapuram

科

8°

印 度 洋 INDIAN OCEAN

72°

76°

80°

奥里萨邦
比蓬姆卡塔克
Bissamcuttack
ORISSA 84

切蒂斯格尔邦
CHHATTISGARH

布拉马布尔
Brahmapur

杰格德尔布尔
Jagdalpur

维沙卡帕特南
Vishākhāpatnam

拉巴
erābād

得拉邦
DHRA PRADESH
Krishna

亚南
Yanam

贡土尔
Guntūr

默吉利伯德讷姆
Machilipatnam

16°

古德伯
Cuddapah

内洛尔
Nellore

孟　加　拉　湾
Bay　of　Bengal

金奈
Chennai

默哈伯利布勒姆古迹群
耸立在海边的石雕神庙

尔纳德邦
IL NĀDU

12°

本地治里
Pondicherry
东方的法国城

坦贾武尔
Thanjavur

加里加尔
Kārikāl

拉伯利
nirāpalli

神殿高达60多米

保克　海　峡
Palk Str.

希神庙所在地

什戈迪
ushkodi

84°

斯里兰卡
SRI LANKA

斤里兰卡岛
i Lanka I.

80°

① 本地治里中央直辖区（包括：本地治里、加里
加尔、亚南和马埃）
Pondicherry Union Terr.(incl.Pondicherry,
Kārikāl,Yanam and Mahe)

✳ 旅游城市

卡纳塔克邦 （地图 P192）

位于南印度，首府班加罗尔是闻名世界的软件之都。该邦自然资源极为丰富，其中亨比古迹和帕塔达卡尔被列入世界遗产名录。

班加罗尔 （地图 P192）

为卡纳塔克邦的首府，南印度的工业城市和商业中心，有"印度硅谷"、"花园城市"之美称。这里既有印度古老文化的印迹、南亚独特的风情，又有最时尚流行的都市元素。

ISKCON寺庙 P194A1

位于市中心的一座山上，庞大的庙宇建筑占满了整座山顶，是印度最大的哈瑞奎师那神庙之一，每天接受成千上万的朝拜者。

在这里可以买到各种神庙的工艺品、书籍及各种美味的食品。

提普王宫 P194B2

坐落在拉尔巴克植物园西北面，这座王宫用木料建成，高两

班加罗尔
Bangalore

层，墙壁和木柱均刻有色彩绚丽的壁画和精致的雕刻，是参观印度皇室生活的好去处。

甘地路 P194A3

是班加罗尔最繁华的商业街，既有以古印度建筑风格为主的建筑物，又充满着现代化的气息。在这里你几乎可以找到所有想要的东西，各种各样的印度商品和特产，各式的电影院、酒吧、餐馆等。

议会大厦 P194A2

位于卡本公园的北端，是一座四层高的建筑物，由白色花岗石建成，融合了回教与欧陆建筑的风格特色，宏伟的堡垒式外墙与圆顶颇有气势。这里是卡纳塔克邦立法议会及秘书处的办公室，每周六、日19：00后整座大楼针会灯火通明，十分壮观。

拉尔巴克植物园 P194B2

处在班加罗尔市中心区域，由迈索尔国王建于18世纪，是欣赏植物的理想场所，也是有名的植物研究所和植物展示中心。园内设计巧妙、环境优美，除了丰富多样的当地植物外，还有来自世界各地的各类植物。

牛神庙 P194B2

是班加罗尔最古老的庙宇之一。它修建于16世纪，为供奉湿婆神的坐骑公牛南迪而建，由花岗石雕琢而成，形象生动、大气。在印度，人牛南迪是毁灭之

牛神庙

神湿婆神的坐骑，也是他的象征，印度教徒敬牛如敬神。

亨比古迹 P192

亨比古迹

位于卡纳塔克邦中部霍斯佩特（Hospet），是印度维查耶那加尔帝国最后的首都遗址，同时也是电影《神话》的取景地。这是个令人向往的地方，巨石修建而成的庙宇，星罗棋布、精巧绝伦。1986年被列入《世界文化遗产名录》。

帕塔达卡尔古迹 P192

位于卡纳塔克邦西北部。寺庙中一部分建筑风格为南印度流派，而另一部分寺庙则采用了北印度流派，是印度寺庙建筑的杰出代表，1987年被列入《世界文化遗产名录》。

果阿邦 （地图 P192）

位于印度西海岸，是世界上最受欢迎的旅游胜地之一。这里一年四季，气候温和，椰林茂盛，阳光充沛，有30多处美丽的海滩，连绵数十里，被冠以"印度夏威夷"的美称。果阿教堂和修道院是葡萄牙人撤出果阿后留下的世界文化遗产。

帕纳吉及周边（地图 P192）

位于果阿邦西北面，是果阿邦的首府。受殖民影响，这里的街道、商店及洋楼等都保留着浓厚的葡萄牙建筑特色。城市以东的旧果阿是殖民时期的首府，果阿教堂和修道院就是葡萄牙人撤出果阿后留下的世界文化遗产。

果阿教堂和修道院 P192

位于帕纳吉以东的旧果阿，现为历史遗迹。这里的教堂和修道院饱含了15–16世纪欧洲建筑风格的特点，其中仁慈耶稣教堂是南亚第一座教堂，同时也是亚洲最大的一座。1986年被列入《世界文化遗产名录》。

果阿海滩上练瑜伽的人们

果阿海滩

果阿海滩 P182

果阿以美丽的海滩著称，每个海滩都有不同的主题，有的海滩针对年轻人开放，适合喧闹、聚会等；还有的海滩恬静宜人，适合休闲、观赏。来自世界各地的游人为这里注入了新的活力。其中米拉马尔海滩（Miramar Beach）是离市区最近的海滩。

安得拉邦 （地图 P192–P193）

位于印度半岛东部，濒临孟加拉湾，首府为海得拉巴。该邦具有良好的旅游资源和众多保存完好的伊斯兰风格的建筑，以及十分知名的传统艺术及手工艺。

海得拉巴及周边 (地图 P193)

位于德干高原中部、克里希纳河支流穆西河两岸，为安得拉邦首府。以其悠久的历史，美丽的自然风景和庙宇、清真寺等知名建筑而闻名。城内的宫殿、公寓、公园和街道各具特色，艺术、手工艺和舞蹈丰富多彩，是伊斯兰教古代文化的中心之一。

杰尔米纳拱门 P198C2

位于海得拉巴老城区中央，是海得拉巴的象征，被誉为"东方凯旋门"。

麦加清真寺 P198C2

位于杰尔米纳拱门附近，是海得拉巴城中最好的伊斯兰教清真寺，也是世界最大的伊斯兰教清真寺之一。寺庙始建于1614年，拱门和廊柱采用花岗岩建成，十分精致，里面可容一万人礼拜。

萨拉尔·琼博物馆 P198C2

印度三大博物馆之一。这个博物馆收藏有非常珍贵的绘画、宝石和陶瓷器等艺术品，向人们展示了印度土邦的历史、特点，以及当时统治者的富有。

毗尼公园的码头还提供划船娱乐项目。

蓝毗尼公园 P198B2

坐落于侯赛因湖畔，是一座游乐园式的公园。公园内环境非常舒适优美，是人们悠闲娱乐的好场所，其中最引人注目的要属音乐喷泉和植物时钟。此外，蓝

侯赛因湖畔

旅游资讯 地图导览

海得拉巴
Hyderābād

泰米尔纳德邦 （地图 P192-P193）

位于印度半岛南部，首府为金奈。泰米尔纳德邦素有"寺庙之乡"的雅称，名胜古迹遍布全邦。甘吉布勒姆为印度七大圣城之一，神庙众多。默哈伯利布勒姆有著名的海上石雕神庙。坦贾武尔有著名的朱罗神庙。

金奈及周边 （地图 P193）

位于印度半岛东南部，为泰米尔纳德邦首府。城市以圣乔治堡为中心向南北延伸，空间布局严谨，在城市的西部和西南部有非常漂亮高档的住宅楼，在最西南和南部的新居民区是人口密集的居住地，而城北和西北郊区的工业区则是一派欣欣向荣的气象。

金奈 Chennai

圣玛丽教堂

建于1653年，是具有传统英国军事建筑特色的古堡。现在只留下了很小一部分，整座城堡包括了全印度最古老教堂之一的圣玛丽教堂和展示此堡历史资料的博物馆。

马里纳海滩 P199B3

马里纳海滩

马里纳海滩

位于金奈东边，与孟加拉海湾相邻，据说是亚洲最大的海滩之一。这里有金色的沙滩、强劲的潜流和波光粼粼的海面，是金奈观看日出日落的绝佳地，也是冲浪的好地方。

格巴利斯瓦拉尔神庙 P199B3

是一座供奉印度教湿婆神的寺庙，庙内的塑像艺术自然生动、栩栩如生，让人叹为观止。雕像虽历尽沧桑，颜色却依旧鲜艳。这里不定期会举行古老而又传统的祭祀活动。

格巴利斯瓦拉尔神庙

马杜赖米纳克希神庙 P193

马杜赖是泰米尔纳德邦第二大城市，城周边被大山环绕。市内有很多印度教寺庙、神龛和宫殿。马杜赖米纳克希神庙也叫大庙，为马杜赖最宏伟、壮丽的寺

马杜赖米纳克希神庙

朱罗神庙

朱罗神庙 P193

位于泰米尔纳德邦东部的坦贾武尔，是一座布满壁画、雕刻和雕带的辉煌圣殿，是一千年前南印度日常生活的见证。同时这又是一座宗教大厦，是朱罗王国的一座历史、文学、艺术和建筑

马杜赖米纳克希神庙

默哈伯利布勒姆古迹群

纪念碑。1987年被列入《世界文化遗产名录》。

默哈伯利布勒姆古迹群 P193

位于泰米尔纳德邦东北方向的马默勒布勒姆，是矗立在海边的石雕神庙。这些山岩上的浮雕具有独特的风格，艺术水平极高，1984年被列入《世界文化遗产名录》。

千柱殿（马杜赖米纳克希神庙）

庙之一。该庙长258米，宽222米，其中最高的一座塔门高达46米，庙内有很多神龛、殿堂、骑楼，其中最有名的千柱殿有千余根巨大的石柱，它们形状各异、图案奇特，是珍贵的艺术佳作。

喀拉拉邦 （地图 P192）

位于印度最南端，是一块绿色的神奇土地，河流纵横交错，地理位置独特。这个秀丽安静的水畔伊甸园，不仅是印度的艺术圣地，也是唯一完好地保存着梵文、古代印度医学、天文学、瑜伽等古代经典的地方。这一地区以海岸、湖泊美景著称。世界各地旅人形容它为"上帝之国"。

特里凡得琅（地图 P202）

特里凡得琅是喀拉拉邦的首府，是旅游者去往科摩海角或科瓦兰海滩的必经之地。这里有全印度唯一的卡塔卡利舞蹈教育大学，还有著名的观光胜地佰德默纳珀斯瓦米神庙（P192 D1）、内皮尔博物馆（P192 A2）等。

科瓦兰海滩

科瓦兰海滩

科瓦兰海滩是喀拉拉邦最著名的海滩度假胜地。长长的海岸线，两边椰子树婆娑摇曳，渔村星星点点、海浪拍击、船帆穿行，被称为"神灵祝福的土地"。它从19世纪30年代开发以来，游客络绎不绝。科瓦兰海滩由三个相邻的新月形海滩组成。最南边为灯塔海滩，是三个海滩中最受欢迎的一个。

贝里亚尔野生动物保护地 P192

贝里亚尔野生动物保护地是世界上最迷人的自然野生动物保护地之一。这里地貌独特、野生动物多样、风景美不胜收。保护区里有老虎近400只、大象近800只，还有无数野猪、鹿和水獭等。为保护这些动物，游客只能乘船游览，从人工湖上参观这些野生动物。据说这是印度唯一一个可以对野象进行近距离观察和摄影的保护区。

科钦（地图 P192）

科钦因古代香料贸易而著称，是印度最古老的港口。通过海岸边上中国式的渔网、印度犹太人群部落可以领略到科钦丰富多彩的文化和国际特色。科钦可参观的地方有荷兰宫殿、古老犹太教堂、中国式渔网等。科钦还是购买香料的最佳地。

中国式的渔网

库玛拉孔（地图 P192）

　　库玛拉孔是文伯纳德湖边喀拉拉热带河道的入口，也是船屋旅游的中心地带，游客选择椰子树制成的船屋，顺流而下，穿梭于热带河道与椰树密林之中，是最具吸引力的休闲度假方式。每年这里都会吸引来自世界各地的观光客。

船屋旅游

湖泊美景

旅游须知

对于中国公民来说，无论是出国旅游、留学、经商或者务工，都要尽可能通过各种渠道了解一下前往国的概况、风俗禁忌、治安状况、疾病疫情、医疗保险、报警和医疗求助方式，做好相关准备，防患于未然。

1. 风俗禁忌

印度是多民族国家，信奉多种宗教，教派众多，习俗也各不相同。因此，游客须尊重当地风俗，在参观清真寺和神庙时，进寺（尤其是清真寺）必须脱鞋，不宜大声喧嚷，如见到身旁有穆斯林在祈祷时，须轻声走过，不宜惊动，以免影响其做礼拜。在印度，牛是神圣不可侵犯的，每年僧侣要举行一个节日，叫"波高"节，以表示对牛的崇拜，这种仪式不许妇女参加。在印度有些地方可见牛随意漫游街头，与行人、车辆等共享道路的景象。印度教忌食牛肉和使用牛皮制品。印度教寺庙则不许带有牛皮制作的东西入内，要赤脚而入。此外，有很多印度人崇拜蛇，甚至把蛇看作自己的祖先。也有不少人认为将蛇打死是触犯神明的行为。忌用浴盆给孩子洗澡，认为浴盆中的水不流动，是不吉利的。

2. 交往礼仪

印度是亚洲文明古国，相互交往十分注重礼节。印度人与友人见面时，通常是双手合掌或举手，口念一句"纳马斯卡拉（Namaskara）"意为"向你致意"。但合掌或举手的姿势、高低大有讲究，对长辈宜高，以示尊敬；对平辈宜平，以示对等；对晚辈则低，以示关怀。有时也相互拥护，两手互搭对方肩膀，以示亲热。如迎候嘉宾，则往往敬献花环，并套挂在客人脖子上，表示由衷的欢迎。假如你的脖子上被戴上了一个花环，这是印度人对你的尊敬，你应马上取下来，以此表示你的谦虚。与中国人习惯不同的是，印度人在赞成或同意对方意见时的动作是既不点头，也不摇头，而是左右晃头。初次与印度人打交道的人往往不知所措，不知对方是表示同意还是反对。印度妇女尤其是穆斯林女子，因受闺阁制度影响，甚少抛头露面，她们不与陌生人随便交往，也不和异性握手。印度人还有尊重长者的风气，一般不在长者面前喝酒抽烟。长辈有所吩咐时，晚辈应答应一声"是"，并把头昂起来，以示乐从。对老人或父辈，在名字后面加上一个"吉字"（意为"老翁""若伯"），或称"巴布"（意为"大伯""父亲"）。对伟人、老人和大师更为推崇，如对师长、导师称"古鲁"，称甘地为"圣雄"（意为国父），称博学家、梵学家为"潘迪特"（贾·尼赫鲁生前享有此誉）。对一般学者称"斯利"（意为先生）。对精通伊斯兰教主义和阿拉伯语的穆斯林学者，称"毛拉"或"大毛拉"。与印度人打交道时，一般不要询问对方的家庭、工作、收入等问题，以免引起不悦。不要以政治话题开始谈话。特别是一些敏感的问题，印度人喜欢谈文化成就、印度传说、宗教、社会风俗、历史，谈论这样的话题较为投机，也许能有助于你与对方建立起良好的伙伴关系。

3. 饮食习惯

印度人一般以大米、小麦为主食。多采用炖、烧、煮、烤等烹饪法；调味喜欢用咖喱、辣椒和黄油，不喜欢食油腻。喜欢的蔬菜有：西红柿、洋葱、土豆、大白菜、菠菜、茄子、菜花等。特别爱吃土豆（洋山芋），认为它是菜中佳品。不吃菇类、笋类及木耳。一般不喝酒，认为喝酒是违反宗教习惯的，若饮酒则很有节制。喜欢饮红茶、咖啡、牛奶、凉水等，故在宴请印度客人时，如对方不愿喝酒，不要勉强劝酒。锡克教徒绝对禁酒。印度人有吃抓饭的习俗。右手抓饭、接食物。在朋友相聚或参加招待会、聚餐会时，主人往往以自助餐形式款待客人。在这种场合下，通常是站着进食，到餐桌上拿取自己喜欢吃的食物。左手拿盘子，右手抓食物，使用三根手指（大拇指、食指和中指），将饭菜拌匀，随后再一把把抓着吃（一般不备筷子、叉子和匙子）。印度人的双手分工明确，除上厕所，一般用右手。因此，在朋友相见，切忌伸出左手与人相握。印度人大多信仰印度教，中上层人士吃素者很多，越是身份、社会地位高的人荤食者越少，社会地位低的人才吃羊肉。但也吃鸡蛋、黄油、牛奶，印度教徒中的肉食者禁食牛肉，允许吃鸡、鸭、鱼。因此，进饭店就餐时，应根据菜谱点菜，不要轻易点食猪肉、牛肉。印度有许多素食饭店和旅馆是不供应肉食的。

4. 健康安全

印度是一些传染病易发地区，临行前，建议打预防针以备无患。

另外，需做好物质准备。如必要的行装，兑换外汇、机票或船票，有关参考书、学术交流资料、商品样品、赠送友人的小礼品，以及常备药品等。像西方国家一样，印度人一般爱喝生水，饭店和旅馆一般不供应热开水。由于一些城市水质欠佳，喝了生水，会水土不服，容易患病。因此，要尽量少喝或不喝。如需喝水饮茶可嘱咐旅馆服务员准备和索取，但需付一点小费。

5. 旅行安全

女性单独一个人旅行时，为了安全和舒适，避免不必要的麻烦，最好穿上印度服装，这样别人会把你当作本地人看待。出门乘车时最好与女性坐在一起，不要与陌生男人交谈太多，一般仅限于谈谈天气。同时注意，无论男女外出时最好避免走路，哪怕是很短的路程，因为印度街头上有许多乞丐，千万不要发善心给乞丐钱物。否则更多的乞丐会将你团团围住，不给钱将无法脱身，而越给钱来的乞丐将越多。

近年来，有关中国游客被偷被抢、中国劳工被绑架、中国企业被袭击的事件时有发生。如遇到这种情况，首先要及时向当地警方求助，这是最直接、最有效的方式。同时也可以向中国驻当地使领馆求助。

6. 重要的联系方式

中国驻印度使领馆联系方式

◆中国驻印度大使馆

地　　址：50-D, Shantipath, Chanakyapuri, NewDelhi-
　　　　　110021

国家地区号：0091-11

办公室：电话：2611 2345，传真：2688 5486

签证室：电话：2467 5559

教育组：电话：2611 4711

网　　址：http://www.fmprc.gov.cn/ce/cein/chn/

电子邮箱：chinaemb_in@mfa.gov.cn

◆中国驻孟买总领事馆

地　　址：8thand9thFloor, HoechstHouse, 193Backbay
　　　　　Reclamation, NarimanPointl, Mumbai, 400021

国家地区号：0091-22

领侨室：电话：5632 4303/4/5/6，传真5632 4308

商务室：电话：5632 4303/4/5/6，传真5632 4307

办公室：电话：5632 4303/4/5/6，传真5632 4302

政治室：电话：5632 4303/4/5/6，传真5632 4302

网　址：http://mumbai.chineseconsulate.org/chn/

电子邮箱：chinacon@bom5.vsnl.net.in（英文）

　　　　chinaconsul_mum_in@mfa.gov.cn（中文）

◆中国驻加尔各答总领事馆

地址：加尔各答盐湖城一区EC-72号，邮编-700064

EC-72，Sector I，SaltLakeCity，Kolkata-700064

国家地区号：0091-33

电　话：40048169

传　真：40048168

网　址：http://kolkata.china-consulate.org/chn/

电子邮件：chinaconsul_kkt@mfa.gov.cn

（潘正秀）

图书在版编目（CIP）数据

印度/《中国公民出游宝典》编委会编著. —北京：
测绘出版社，2014.1
（中国公民出游宝典）
ISBN 978-7-5030-3200-4

Ⅰ.①印… Ⅱ.①中… Ⅲ.①旅游指南–印度 Ⅳ.
①K935.19

中国版本图书馆CIP数据核字（2013）第207242号

人文地理作者：潘正秀

总 策 划：赵　强
责任编辑：黄　波
地图编辑：黄　波
责任印制：陈　超
装帧设计：锋尚设计

出版发行	测绘出版社	电　话	010-83543956（发行部）
地　　址	北京市西城区三里河路50号		010-68531609（门市部）
邮政编码	100045		010-68531363（编辑部）
电子信箱	smp@sinomaps.com	网　址	www.chinasmp.com
印　　刷	北京新华印刷有限公司	经　销	新华书店
成品规格	125mm×210mm	印　张	7
字　　数	227千字	版　次	2014年1月第1版
印　　次	2014年1月第1次印刷	定　价	39.00元
书　　号	ISBN 978-7-5030-3200-4/K·383		
审 图 号	GS（2013）1920号		

本书如有印装质量问题,请与我社门市部联系调换。